하브루타
말씀치유

HAVRUTA WORD HEALING

성경암송학교(BRS)는 복음적이고 성경적인 선교단체로서, 신명기 6장 4~9절의 말씀에 근거하여 이 땅의 모든 교회와 목회자, 그리고 성도와 자녀들이 하나님의 말씀을 암송하고 하브루타하여 하나님의 말씀을 실천하도록 돕는 기독교 교육기관입니다

하브루타 말씀치유
HAVRUTA WORD HEALING

초 판 1쇄 발행 | 2015년 7월 20일
개정판 1쇄 발행 | 2019년 12월 31일

지은이 | 박종신
펴낸이 | 박종신
디자인 | 조성윤
교 정 | 양미화 이경실

펴낸곳 | 성경암송학교(BRS)
등 록 | 제2018-000006호.(2014.4.10)
주 소 | 충남 아산시 서부남로 844 성경암송학교 BRS
전 화 | 010-3018-0693
팩 스 | (041) 532-0698
홈페이지 | www.amsong.kr

YouTube : 성경암송학교TV / 어린이 성경암송학교TV

ISBN 979-11-88552-10-8 03230

※ 책 가격은 뒷 표지에 있습니다.
※ 이 출판물은 저작권법에 의해 보호받는 저작물로 무단전제와 복제를 절대 금합니다.
※ 잘못 만들어진 책은 구입하신 서점에서 교환해 드립니다.

이에 그들이 그들의 고통 때문에 여호와께 부르짖으매
그가 그들의 고통에서 그들을 구원하시되
그가 그의 말씀을 보내어 그들을 고치시고 위험한 지경에서 건지시는도다 (시 107:19-20)

하브루타 말씀치유
HAVRUTA WORD HEALING

〈 개역개정판 / 하브루타 해설포함 〉

박종신 지음

프롤로그

"하나님의 치유법, 말씀치유"

무서운 결과를 안겨주는 과거의 상처들

　세상 어디에도 상처가 없는 사람은 없다. 사람은 누구나 상처를 받고 그 상처 때문에 고통을 느낀다. 내적인 과거의 상처는 반드시 치유되어야 한다. 치유되지 않은 상처는 그 사람의 인격적 장애를 일으키고 자신에게 주어진 무한한 가능성을 제한시켜 버린다. 뿐만 아니라 사회적인 문제를 야기하며 정상적인 삶을 살아가지 못하게 한다. 더 나아가 왜곡된 사고와 현상으로 인해 주변에 있는 사람들에게까지 어려움을 겪게 한다.

　대표적인 현상이 열등의식, 피해의식, 비교의식, 수치심, 복수심, 분노 조절실패, 죄책감, 각종 중독, 원망, 자기 부정, 자기 동정, 우울, 두려움, 슬픔, 미움, 정죄, 친밀함의 부재, 무가치, 무기력이다. 끔찍한 내적인 질병들이다. 이런 사람과 함께 한다는 자체가 고통일 것이다. 만약 가정에서 아빠가 내적인 질병을 가지고 있다면 그 가정은 고통 받게 될 것이다. 만약 직장에서 상사가 내적인 질병을 가지고 있다면 직원들은 물론 거래처의 사람들까지 고통 받게 될 것이다. 이렇게 내적인 질병은 그 사람을 파괴하고, 관계를 파괴하고, 주변을 파괴한다. 따라서 내적 질병은 반드시 치유해야 한다.

문제는 그 누구도 자신의 내적 질병을 인정하지 않는다는 것이다. 사람들은 자신들에게 심각한 정서적 문제가 있다는 사실을 은폐하려고 한다.

오히려 그리스도인들이 더 문제이다. 그리스도인들은 기도만 하면 모든 질병이 치유된다는 잘못된 설교나 가르침에 자신의 가슴 아픈 상처들을 계속 억누르거나 은폐한다. 과거의 아픈 상처로부터 자유하지 못한 결과로 죄책감에 시달리며 자신을 학대하거나 평가 절하한다. 또 다른 사람과의 관계를 두려워하기도 하기 때문에 원만한 대인관계를 이루지 못한다.

그러나 기쁜 소식이 있다. 아직도 당신의 마음에 과거의 상처와 아픔이 있다면 이 책은 당신에게 큰 도움을 줄 것이다. 하나님께서는 당신이 과거로부터 매였던 억압의 사슬을 끊고 자유로운 삶을 살기를 원하신다. 나는 이 책을 통해 성경적인 해답을 제시하고자 한다. 당신의 과거의 문제가 아무리 크고 아프다고 할지라도 반드시 치유될 것이라고 믿고 있다.

질병을 치유하는 힘, 성경암송

성경암송, 하브루타, 테필린복음 세미나와 집회를 통해 여러 사람들을 만나게 된 것은 나에게 축복이었다. 많은 사람들을 만나면서 그들에게 치유가 필요하다는 사실을 발견했다. 그중에는 웃는 얼굴로 다가왔지만 조금만 이야기를 하다보면 심각해지다 못해 눈물을 흘리는 사람도 있었다. 그들의 속에는 치유되지 않은 상처들이 내재되어 있다는 사실을 발견할 수 있었다. 몸의 상처는 시간이 지나면 자연 치유되지만 내적인 상처는 시간이 지나도 치유되지 않는다. 다만 잊고 있을 뿐이다.

한편, 성경암송, 하브루타, 테필린복음 세미나와 집회를 인도하는 중에 적지 않은 사람들이 질병에서 치유되는 역사를 목격했다. 예상 밖의 결과였다. 특별히 성경암송과 테필린복음을 선포하는 중에 질병에서의 치유를 고백했다. 성경암송을 통한 질병치유의 간증들은 나의 저서인 「성경암송에 길을 묻다」(박종신 著/ 성경암송학교 出刊)에 자세히 실려 있다.

성경암송을 통해 질병이 치유되는 사실을 처음에는 믿기 어려웠지만 시간이 지나면서 더 많은 사람들이 질병에서 치유 받고 회복되는 모습을 목격하면서 성령의 역사임을 고백하지 않을 수 없었다. 생전 들어보지도 못했던 불치의 질병에서도 치유 받는 모습을 보면서 성경암송과 치유사역의 상관관계에 관심을 갖게 되었다. 하나님은 육체적 질병뿐만 아니라 내적 질병도 치유하신다는 확신을 갖게 되었다.

내적 질병이 치유되는 근원

그러던 어느 날, 성경을 읽던 중 마치 전기에 감전된 것 같은 큰 충격을 받았다. 디모데후서 3장을 읽는 중에 섬광이 번쩍이는 전율을 느꼈다. 그 말씀은 바로 '하나님의 사람으로 온전하게 한다'라는 말씀이었다.

"하나님의 사람으로 온전하게 한다??"

온전하지 못한, 아니 온전할 수 없는 나의 삶을 돌아볼 때 그 말씀은 나에게 충격이었다. 나를 향한 하나님의 목적이 '하나님의 사람으로 온전하게 한다'라는 사실을 깨닫는 순간 나 같은 사람도 새로운 변화를 꿈꿀 수 있음을 알게 되었다. 사실 디모데후서 3장은 나의 저서인 「성경암송이 해답이다」의 배경말씀이기 때문에 수천 번 이상 읽었던 말씀이다.

> 모든 성경은 하나님의 감동으로 된 것으로 교훈과 책망과 바르게 함과 의로 교육하기에 유익하니 이는 하나님의 사람으로 온전하게 하며 모든 선한 일을 행할 능력을 갖추게 하려 함이라.(딤후 3:16-17)

이 말씀을 암송하고 있을 때 성령의 감동이 파도처럼 밀려왔다. 원래 이 말씀은 하나님의 말씀에 대한 정의로 유명한 구절이다. 그런데 이 말씀이 나에게 치유의 말씀으로 다가왔다. 하나님의 말씀인 성경은 하나님의 감동으로 기록되어 하나님의 사람으로 온전하게 하며 모든 선한 일을 행할 능력을 갖추게 하는 것이 바로 치유이기 때문이다. 하나님은 온전한 하나님의 사람이 되는 것과 모든 선한 일을 갖출 능력은 바로 교훈, 책망, 바르게 함, 의로 교육함이기 때문이라는 사실을 말씀해 주셨다.

나는 그 순간 자리에서 무릎을 꿇고 기도했다. 그리고 즉시 하나님의 말씀에 순종하기로 결단했다. 이렇게 살 순 없다고 생각했다. 하나님의 사람으로 온전하게 되어 모든 선한 일을 행할 능력을 갖추는 사람이 될 것을 결단했다. 그리고 하나님의 교훈과 책망, 바르게 함과 의로 교육의 말씀 앞에 전적으로 순종하기로 결단했다.

동시에 나 자신을 비롯하여 마음의 질병에 걸려 신음하는 모든 분들에게도 치유가 꼭 필요하다는 생각을 하게 되었다. 그리고 모든 문제와 상처의 배후에는 디모데후서 3장에 나타나는 18가지의 죄가 원인이 된다는 사실을 깨달았다. 하나님과의 거리에서 빚어진 일들임을 알게 되었다. 내가 가졌던 과거의 상처들 역시 18가지의 죄가 원인임을 고백하지 않을 수 없다.

말씀으로 치유를 선포하라

부족하기 짝이 없는 나에게 성경암송학교의 사역을 맡기신 하나님의 뜻을 비로소 알게 된 것 같았다. 하나님께서는 성경암송과 하브루타, 그리고 테필린복음인 쉐마의 명령의 단계를 넘어 치유 및 복음사역으로 나가기를 원하셨다. 쉐마사역이 1기 사역이라면, 말씀을 통한 치유 및 복음사역은 2기 사역이라고 말할 수 있다. 물론 1기가 있기에 2기가 있다고 믿고 있다. 성경암송은 매우 중요한 사역이지만 하나님은 성경암송 사역자인 나를 통해 치유가 필요한 사람에게 치유를 선포할 사명을 주신 것이다.

이 책은 심리학에 기초한 내적치유나 전인치유를 주장하는 것이 아니다. 한국에서 횡행하고 있는 내적치유나 전인치유에는 심리학과 잘못된 은사주의가 만연한 것이 사실이다. 잘못된 성경해석과 함께 화풀이 행동을 보이는 것도 문제라고 생각한다. 쓰러뜨린다든지, 몽둥이로 치면서 소리를 지르게 하는 모습, 내면에 감춰진 상처에 자극을 주면서 소리를 지르게 하는 모습, 힌두교의 명상, 한의학, 과거의 문제에 집착하는 행위 등은 기독교적 미신(迷信)이라고 생각한다. 내가 겪어본 무당들이나 한의사들이 주장하는 것과 별반 다르지 않다.

사실 잘못된 내적치유들과 전인치유들로 인해 치유를 거론하는 것 자체가 부담스러웠던 것도 사실이었다. 그러나 성경암송을 통해 하나님의 말씀을 암송하고 그 말씀을 가지고 하브루타를 하는 가운데 귀신이 떠나가고 질병이 치유되는 역사를 지켜보면서 이것은 사람의 역사가 아닌 하나님의 역사라는 사실을 분명히 알게 되었다. 그래서 나는 이 사역의 이름을 '하브루타 말씀치유'라고 명명하게 되었다.

안다고 생각하지 말라

하나님의 말씀을 대할 때 반드시 주의해야 할 사항이 있다. 하나님의 말씀을 안다고 단정하지 말아야 하는 것이다. 이미 알고 있다고 생각하는 익숙한 말씀도 낯설게 보는 훈련이 필요하다. 왜 그런가? 하나님의 말씀은 우리의 지혜와 지식, 그리고 생각의 한계를 넘어서는 말씀이기 때문이다. 우리의 얄팍한 지식으로 성경을 이해한다는 착각을 버려야 한다. 사실 우리의 지혜와 지식, 그리고 생각으로 하나님의 말씀을 온전히 이해하는데 한계가 있다.

이 과정에서 가장 큰 문제는 우리는 하나님의 말씀을 피상적(皮相的)으로 이해하고 있다는 것이다. 하나님의 말씀을 피상적으로 이해하는 것은 아는 것이 아닌 모르는 것이다. 안다고 착각하는 것이다. 말씀을 피상적으로 아는 것의 문제는 하나님의 말씀에 대한 진지한 탐구를 불가능하게 하는 것이다. 예를 들어보자. 그리스도인들 중에서 마태복음 6장 6-7절의 말씀을 모르는 사람이 없을 것이다.

> 너는 기도할 때에 네 골방에 들어가 문을 닫고 은밀한 중에 계신 네 아버지께 기도하라 은밀한 중에 보시는 네 아버지께서 갚으시리라 또 기도할 때에 이방인과 같이 중언부언하지 말라 그들은 말을 많이 하여야 들으실 줄 생각하느니라 (마 6:6-7)

이 말씀은 길지 않을 뿐 아니라 기도에 대한 말씀이기에 대부분의 그리스도인들이 알고 있는 말씀이다. 그런데 이 말씀으로 하브루타를 해보면 이 짧은 말씀을 올바로 이해하는 사람도 거의 없고, 실천하는 사람은 더더욱 없다는 사실에 놀랄 때가 많다.

하브루타 시간에 "기도할 때 왜 골방에 들어가라고 하셨습니까?"라는 질문에 효과적인 대답을 하지 못한다. "왜 하나님은 은밀한 가운데 계신다고 하셨습니까?" 또는 "이방인처럼 중언부언하지 말라고 하셨는데 그럼 어떻게 기도해야 합니까?"라고 질문하면 대부분 대답을 난감해한다. 다 아는 것 같은데 실제로 올바른 대답을 하는 사람을 찾아보기란 그리 쉽지 않다. 더 큰 문제는 그 말씀의 진의를 깨닫고 순종하는 사람은 더욱 찾아보기 힘들다.

만약 '왜 골방에 들어가야 하는지' 또 '은밀한 중에 계신 아버지께 기도하라', '기도는 중언부언이 아닌 하나님과의 은밀한 대화'라는 말씀의 진의를 깨닫고 기도한다면 당연히 기도생활이 달라질 것이고 기도의 응답을 날마다 체험하며 살아가게 될 것이다. 마치 조지 뮬러(George Muller 1805~1898)처럼 말이다.

익숙한 것과 결별해야 살아난다

그런데도 기도가 달라지지 않고, 응답도 받지 못하고, 중언부언하고, 기도란 많은 말을 하는 것처럼 생각하고, 기도를 오래하는 사람이 영적인 사람이라고 이해하는 것은 앞의 말씀을 피상적으로 이해하거나 막연하게 이해하고 있다는 것이다. 이런 사람들이 교회의 중직에 있기 때문에 한국교회의 진정한 변화가 일어날 수 없는 이유가 된다.

앞에서도 언급했지만 우리는 말씀을 피상적으로 아는 경향이 있다. 피상적으로 안다는 것은 그 말씀의 진의(眞意)를 알지 못한다는 것이다. 우리는 종종 하나님의 말씀을 믿는다고 하면서도 그 말씀의 능력을 실감하지 못한다. 말씀의 능력을 체험하지 못한다. 태초에 하나님이 말씀으로 천지를 창조하셨고, 말씀이 곧 하나님이라는 사실을 알면서도 우리는 그 능력을 실감하지 못한다. 하나님이 치유하시는 하나님이라고 말하면서도 나를 온전히 치유하실 것이라는 믿음이 없다. 그 이유가 무엇일까? 그것은 말씀을 피상적으로 알기 때문이다.

말씀을 진정으로 깨닫는 순간 치유와 기적이 일어난다. 따라서 우리 모두는 말씀의 메타인지를 높여야 한다. 메타인지(Metacognition)란, 내가 아는지 모르는지를 분별하는 것이다. 또 내가 아는지 안다고 착각하는지를 분별하는 것이다. 모든 치유와 기적은 하나님의 말씀을 깨닫는 것부터 시작된다.

그러나 그 이전에 말씀에 대한 겸손함이 있어야 한다. 말씀을 아는지 모르는지를 분별하지 못했음을 인정해야 한다. 말씀을 안다고 착각했던 것을 인정해야 한다. 그것이 바로 말씀에 대한 겸손함이다. 말씀에 대한 겸손함이 치유의 시작이다. 말씀을 모른다는 사실을 인정하면 알게 될 것이고, 안다고 착각했던 것을 인정한다면 제대로 알 수 있게 될 것이기 때문이다. 이 과정에서 우리는 익숙함과 결별해야 할 결단이 필요한 것이다.

연탄시인의 충고

'연탄재 발로 함부로 차지 말라'로 일명 연탄시인이 된 안도현은 "당신이 늘 보고 있으면서도 사실은 보지 못한 것이 무엇인지 찾아보라. 소소한 것에서부터 삶의 기미를 포착하고 파악하는 습관을 길러라. 사물을 반듯하게 보지 말고 거꾸로 보라. 세상을 걸어 다니면서 보지 말고 물구나무서서 바라보라. 진실이라고 믿고 있었던 것을 의심하고, 아름답다고 여기던 것과 끊임없이 싸우고, 익숙하고 편안한 것들과는 결별을 선언하라"고 말했다. '익숙한 것과 결별해야 새로운 것을 볼 수 있다'라는 말의 뜻이다.

성경암송이 해답이다

이런 관점에서 볼 때 성경암송은 진부한 유물이 아닌 이 시대의 마지막 희망이며 보루이다. 성경암송을 하지 않는 것은 하나님의 명령에 불순종하는 것이다. 성경암송을 하지 않으면서 사람이 만든 프로그램에 몰두하는 개인이나 교회는 이미 이율배반(二律背反)적인 것이며 인본주의에 빠진 것이다.

성경암송은 유대인들의 몫이 아니다. 유대인들이 성경암송을 한다고 율법적이라고 하는 것은 어불성설(語不成說)이다. 구약성경이 유대인들만의 성경이 아닌 것처럼 우리는 구약성경과 신약성경의 고함에 귀를 기울이고 목숨을 다해 암송해야 한다.

모든 해답은 성경 안에 있다. 그 해답을 내 마음으로 옮기는 1차 작업이 바로 성경암송이다. '본질로 돌아가야 한다', '성경으로 돌아가야 한다'는 모든 총체적 선언들의 귀로(歸路)는 오직 성경암송, 즉 하나님의 말씀을 입에 두는 성경암송을 결단해야 한다.

성경암송의 4가지 방법

효과적인 4가지의 성경암송법이 있다. 나는 오랫동안 성경암송을 하면서 좋은 방법 4가지를 발견하고 적용하고 있다. 여러 가지 성경암송 방법을 적용해보고 난 후 가장 반응이 좋고 효과적인 4가지 방법을 채택하게 되었다.

첫 번째 방법은 리듬암송법이다

리듬암송법은 리듬에 맞춰 암송하는 방법으로 유대인들이 암송할 때 주로 사용하는 방식이다. 나는 한국적 리듬인 4/4박자에 맞춰 계발하여 보급하고 있다. 주로 어린이들의 암송법으로 적용되고 있다. 개인적으로 볼 때 리듬암송법은 성경암송에 가장 효과적인 방법이라고 할 수 있다. 리듬암송법의 특징은 즐겁고, 오래가고, 다함께 암송할 수 있다는 점이 큰 강점이다.

두 번째 방법은 반복적 분습법이다

반복적 분습법이란 단어의 뜻이 어렵지만 가장 전통적인 암송법이다. 반복적 분습법이란 말씀을 의미별로 끊은 후 그 말씀을 계속 반복하는 것이다. 가장 은혜로운 성경암송법이라고 할 수 있다.

세 번째는 테필린복음 선포법이다

테필린복음 선포법이란 가장 쉬운 암송법으로 질문하고 그 질문에 대해 말씀으로 대답하는 방식이다. 질문하고 그 질문에 맞춰 대답하는 방식인 테필린복음 암송법은 눈으로 보고, 입으로 선포하고, 귀로 듣는 방식으로 자동적으로 암송이 되는 방식이다. 하브루타를 훈련하는 가장 적합한 암송법이며 저절로 암송이 되는 방식이다. 하루 15분이면 1년 400절의 암송이 가능한 암송법이다.

네 번째는 텐텐텐(10,10,10)암송법이다

텐텐텐 암송법이란 말 그대로 10번씩 읽는 방식이다. 주어진 말씀을 하루 3번, 10번씩 소리내어 읽기만 하면 된다. 그 말씀이 온전히 암송될 때까지 매일 10번씩 소리를 내어 읽는 가운데 그 말씀이 자동적으로 암송된다. 만약 월요일에 텐텐텐 암송법으로 성경암송을 시작한다면 빠르면 목요일, 늦어도 금요일에는 자신이 암송하고자 하는 말씀을 암송하게 된다.

하브루타 말씀치유 135절의 말씀은 텐텐텐 암송법이 가장 적합하다고 할 수 있다. 모든 암송법이 다 좋지만 말씀치유에는 가장 적합한 방법으로 인정되고 있다. 나는 말씀치유를 할 때는 텐텐텐 암송법으로 권하고 있다. 가장 곤고한 시간에 하나님의 말씀을 계속 소리 내어 읽는 것처럼 효과적인 방식은 없기 때문이다. 나는 텐텐텐 암송법으로 하브루타 말씀치유 135절의 말씀을 유튜브에 소개하고 있다.

성경암송 후에는 하브루타가 필요하다

2차 작업은 하브루타(Havruta)이다. 하나님은 쉐마의 명령(신 6:4-9)을 통해 성경암송에 이어 하브루타를 명령하셨다. 하브루타의 목적은 마음에 새겨진 하나님의 말씀의 진의(眞意)를 찾는 작업이다. 하브루타를 하지 않으면 그 말씀의 진의를 아는 것은 거의 불가능하다. 불가능할 정도가 아니라 모르고 지나가는 결과를 낳게 된다. 설령 해석했다고 하더라도 그 말씀에 대한 적용과 실천, 즉 순종할 수 없는 것이다.

하나님의 말씀은 매우 어렵다. 어렵기 때문에 한 사람의 머리로는 그 말씀을 온전히 이해할 수 없다. 사람이 혼자서 하나님의 말씀에 대한 어느 정도의 해석은 가능하지만 그 말씀에 대한 적용과 실천을 만들어낼 수는 없다. 실제로 기독교 TV에 나오는 설교자들의 설교를 들어보라. 그들의 설교에 하나님의 말씀에 대한 적용과 실천이 있는가를 살펴보라. 거의 찾아보기 힘들 것이다. 그저 두루뭉술하게 결론을 짓기에 급급하다.

적용과 실천을 만들어 내는 것은 혼자서 자동차를 설계하고, 부품을 만들고, 조립하고, 판매하는 것 이상으로 어려운 것이다. 그렇지 않다고? 하나님의 말씀의 난이도는 자동차를 생산하고 판매하는 것보다 어려운 것이다. 만약 혼자서 자동차를 만들어 판매할 수 있다면 하나님의 말씀을 해석하고 적용 및 실천까지 찾아낼 수 있다고 할 것이다. 어떻게 3,500년 전, 2,000년 전의 말씀을 오늘에 적용하여 구체적으로 실천하도록 할 수 있겠는가. 사람은 단연코 혼자서 적용과 실천을 만들어 낼 수 없다.

그래서 하나님은 짝을 지어 하브루타를 하게 하셨다. 철이 철을 날카롭게 하는 것처럼, 돌이 돌과 부딪쳐 불을 만들어 낼 수 있는 것처럼 하브루타는 적용과 실천을 만들어 내게 한다. 하브루타를 하기 전에 우리는 하나의 철, 하나의 돌에 불과한 존재라는 사실이다. 칼이 혼자서는 자신을 날카롭게 하지 못한다. 철이 다른 철에 부딪쳐야만 가능하고 돌이 돌에 부딪쳐야 불꽃이 발생하는 것이다. 결국 우리는 하브루타를 하면서 하나님의 말씀의 진의를 깨닫게 되고 그 말씀에 대한 적용과 실천을 이끌어 낼 수 있는 것이다.

하브루타 없이 치유가 일어날 수 없는 이유

예들 들어, 내적치유가 필요한 어떤 사람이 하나님의 말씀으로 치유 받고자 한다. 그 시도는 훌륭하지만 실제로 그 말씀으로 치유받기는 매우 어렵다. 왜냐하면 그 말씀에 대한 해석과 이해는 가능하지만 그 말씀으로 자신의 삶을 치유할 적용과 실천을 찾아낼 수는 없다. 결과 사람들이 성경말씀을 붙들지만 아무 결과를 얻지 못하는 것이다.

> 이르시되 너희가 너희 하나님 나 여호와의 말을 들어 순종하고 내가 보기에 의를 행하며 내 계명에 귀를 기울이며 내 모든 규례를 지키면 내가 애굽 사람에게 내린 모든 질병 중 하나도 너희에게 내리지 아니하리니 나는 너희를 치료하는 여호와임이라 (출 15:26)

'내 모든 규례를 지키면'이라는 말씀이 이를 뒷받침한다. 하나님은 무조건 치유하시는 것이 아니라 규례를 먼저 지켜야 치유하신다고 말씀하신다. 따라서 치유를 받기 위해선 먼저 하나님의 모든 규례를 지켜야 하는데, 어떻게 규례를 지켜야 하는지, 어떤 규례를 지켜야 하는지를 알 수 없는 것이다.

'나는 너희를 치료하는 하나님'이라는 말씀을 믿고 이해한다고 하지만 믿음이나 이해만으로 치료는 일어나지 않는다. "치료해 주세요"라고 기도한다고 치료되는 것이 아니다. 말씀에 대한 이해만으로 이루어지는 것도 아니다. 그럼 어떻게 치료를 받을 수 있는가? 그것은 바로 "나 여호와의 말을 들어 순종하고 내가 보기에 의를 행하며 내 계명에 귀를 기울이며 내 모든 규례를 지키면"이다.

하브루타는 적용과 실천을 만들어낸다

여기서 하브루타가 필요한 것이다. "나 여호와의 말을 들어 순종하는 것이 무엇인가?"라는 질문에 대답해야 하고, "내가 보기에 의를 행하는 것이 무엇인가?"를 알아야 하고, "내 계명에 귀를 기울이는 것은 무엇인가"라는 질문 앞에 대답해야 하고, "내 모든 규례를 어떻게 지킬 것인가?"에 실천사항을 제시해야 한다.

그리고 적용을 알았다면 순종해야 한다. 그때 비로소 하나님의 치료가 임하게 될 것이다. 그냥 얻어지는 것이 없듯이 하나님의 역사와 능력을 체험하려면 그 말씀의 진의를 깨닫고 적용하고 실천할 때 이루어지는 것이다.

하브루타가 없이 피상적 이해만으로 적용과 실천을 만들어 내는 것은 불가능하기 때문이다. 말씀의 진의(眞意)와 적용과 실천은 하브루타라는 엉뚱한 토론에 의해 얻어지도록 하나님은 구상하셨다.

"미(美)는 언제나 엉뚱하다"라고 말했던 프랑스의 시인이었던 샤를 보들레르(Charles Baudelaire)의 명언이 다시 생각이 난다. 샤를 보들레르가 했던 말은 '미가 엉뚱한 것이 아니라 사실은 우리가 엉뚱하기 때문에 미를 느끼지 못한다'는 것이다. 하나님의 말씀에 능력이 없는 것이 아니라 그 말씀을 대하는 우리가 엉뚱하다고 할 수 있다. 우리가 엉뚱하기 때문에 하나님의 말씀의 능력을 체험하지 못하는 것이다. 따라서 하브루타는 선택이 아닌 필수라는 사실을 인식하자.

1부에서는 성경암송을 통한 말씀치유에 대한 말씀을 함께 나누고 2부에서는 치유에 대한 135절의 성경말씀을 하브루타를 통해 함께 나누도록 구상했다. 이 말씀을 암송하고 하브루타를 하면서 진정한 말씀치유가 경험되어지길 간절히 소망한다.

앞으로 이 책은 쉐마대학교(SU)의 말씀치유학과 교재로 사용할 것이다. 말씀치유에 대한 성경적 입장과 함께 치유에 대한 말씀을 암송하면서 이 땅에 진정한 성경적 치유가 일어나길 소망한다.

하나님의 은혜를 갈구하면서……

하브루타 훈련원(HTC)
원 장 박 종 신

프롤로그 ··· 4
하브루타의 원리적 7단계 ·· 20
하브루타 말씀치유 사용법 ·· 28

제1부 성경암송과 하브루타를 통한 말씀치유

1. 말씀치유란 무엇인가? ·· 30
2. 말씀치유의 핵심 ·· 41
3. 어떻게 치유할 것인가? ·· 55
4. 성경암송과 하브루타를 통한 말씀치유 ·· 68

제2부 하브루타를 통한 말씀치유

1. 치유하시는 하나님 ··· 88
2. 치유하시는 예수님 ·· 108
3. 치유하시는 성령님 ·· 128
4. 말씀치유의 근거 ·· 144
5. 말씀치유를 위한 결단 ··· 164
6. 말씀치유를 위한 초대 ··· 196
7. 말씀치유의 선포 ·· 206
8. 말씀치유를 위한 기도 ··· 220

하브루타의 질문법과
원리적 7단계

하브루타는 하나님의 학습법이다

　성경을 읽는 것은 살(flesh)을 채우는 것과 같고, 성경을 암송하는 것은 뼈대(bone)를 세우는 것과 같고, 성경을 나누는 것은 피(blood)를 흐르게 하는 것과 같다. 성경을 나누는 행위가 바로 하브루타이다.

　하브루타(Havruta)는 전통적인 유대인의 학습법으로 알려져 있으나, 실상은 하나님의 학습법이다.(신 6:7) 하브루타를 소개하는 사람들마다 유대인의 교육이나 문화에만 집중하는 모습을 보인다. 그것은 하브루타를 하나님의 학습법이 아닌 유대인의 학습법으로 한정하는 것이다. 물론 유대인들이 3,500년에 걸쳐 하브루타를 시행해 왔기 때문에 유대인들을 통해 하브루타의 지혜를 인용 또는 배울 필요가 있다.

　그러나 우리의 사명은 하브루타를 복음적으로, 신약적으로 재해석해야 한다. 율법적이고 구약에 한정된 반쪽짜리 유대인의 하브루타를 원형으로 삼을 수 없다. 히브리어 단어나 유대인의 관습 또는 문화를 가지고 그것이 하브루타의 전체라고 생각하는 것은 오산이다. 유대인들의 탈릿

(Tallit)을 착용하거나 키파(Kippha)를 쓰면서 하브루타를 완성했다고 생각하는 것은 착각이다.

우리에게는 예수 그리스도의 복음이 있다. 예수 그리스도의 복음은 구약과 신약의 완성이다. 복음적으로 하브루타를 재해석해야 하는 이유이다. 하브루타를 복음적으로 적용하여 하나님의 말씀에 대한 이해를 높이고 적용과 실천을 찾아내야 한다.

하브루타(Havruta)란 무엇인가?

하브루타란 무엇인가? 하브루타는 성경을 해석하고 적용하기 위해 준비된 하나님의 학습법이다. 성경을 잘 해석하고 설명하기 위해선 하브루타의 방식이 절대적으로 필요하다. 하브루타는 '친구'라는 의미인 '하베르'에서 유래된 이름으로, 실제로 하브루타를 하는 동안 친구가 되어야 더 큰 효과가 있다.

유대인들은 하브루타를 통해 탁월한 결과를 얻었다. 우리가 고민하는 문제들을 그들은 하브루타를 통해 말끔히 해결했다. 지금도 유대인들은 한국의 가정과 교회들이 가지고 있는 난제들을 어렵지 않게 풀어가고 있다. 세계적인 천재를 배출하고 노벨상을 받는 것은 하브루타의 부수적인 결과에 불과하다.

하브루타는 성공 우선적이 아닌 가정 우선적으로, 성적이 아닌 실력으로, 암기가 아닌 이해와 적용으로, 삶과 괴리가 아닌 삶과 직결되는 이론으로, 연역적인 교훈을 구체적이고 귀납적인 교훈으로, 교과서적인 지식이 아닌 실제적인 삶의 지식으로, 듣는 교육이 아닌 묻는 교육으로, 외우는 교육을 생각하는 교육으로 탈바꿈시킨다.

하브루타는 하나의 정답이 아닌 다양한 해답으로, 단답형을 문제해결의 능력으로, 스펙을 내공으로, 타율적인 삶을 자율적인 삶으로, 권유와 지시가 아닌 격려와 자극으로, 끌고 가는 리더십이 아닌 밀어주는 리더십으로, 부모와의 애착의 결여에서 안정된 애착으로, 지식이 아닌 지혜로, 혼자가 아닌 함께 하는 교육으로 탈바꿈시킨다. 이것을 가능하게 하는 것이 바로 질문이다.

5가지의 질문유형

하브루타에서 질문은 가장 중요하다. 질문은 하브루타의 생명이라고 할 수 있다. 유대인들은 질문을 많이 한다. 학교에 등교하는 아이들에게 부모는 "오늘 네가 가장 많은 질문을 해야 돼!"라고 요구한다. 질문은 하브루타를 유발시키며 진의를 찾아가는 열쇠라고 할 수 있다

랍비 마빈 토케이어는 "나쁜 대답은 있을 수 있지만 나쁜 질문은 있을 수 없다. 가장 좋은 학생은 가장 좋은 질문을 하는 학생이다."라고 말했다. 그럼 효과적인 하브루타를 위해 어떻게 질문해야 하는가? 질문은 자유롭지만 질문 유형을 5가지로 요약하면 다음과 같다.

첫째, 내용을 확인하는 질문으로 생소한 단어나 뜻을 확인하는 질문이다.

"~~했던 인물은 누구인가요?", "언제인가요?", "~~곳은 어디인가요?", "무슨 일이 일어났나요?", "왜 그랬나요?", "~~의 뜻은 무엇인가요?" 등등이다.

둘째, 비판적인 질문이다.

"~~의 잘못은 무엇인가요?", "~~의 말, 행동이 왜 잘못 되었다고 생각하나요?", "~~은 어떤 문제점이 있었나요?", "왜 그렇게 해야 하나요?",

"왜 그렇게 생각하죠?"

셋째, 심화적인 질문이다.

"왜 그랬을까?", "만약~~했더라면", "만약~라면", "만약 ~한다면?" 등등 가정이나 유추, 추론 등을 통하여 일어나지 않은 일에 대한 상상 질문이다.

넷째, 적용에 대한 질문으로 나의 실생활에 적용해보는 질문이다.

"당신의 생각은요?", "비슷한 경험이 있었나요?", "그때 어떻게 했나요?", "이런 상황에 처했을 때 어떻게 할 것인가요?", "이런 일에 대처하려면 무엇을 준비해야 하나요?"

넷째, 종합적인 질문이다.

"이 말씀이 우리에게 말하고자 하는 바가 무엇일까요?", "이 사건의 교훈은 무엇일까요?", "이 사건에서 반성해야 할 점은 무엇일까요?", "어떻게 해결해야 서로에게 유익했을까요?"

이렇게 5가지 질문법은 어떤 상황에서도 쉽게 연습할 수 있는 질문의 틀이라고 할 수 있다. 짝과 함께 질문을 만드는 연습을 해보라. 질문 연습을 자주하면 질문 만들기가 한결 쉬울 것이다. 그리고 점차 좋은 질문들이 만들어질 것이다. 좋은 질문은 진의(眞意)를 찾아가는 가장 좋은 방법이며 동시에 창의력을 극대화시키는 결과를 낳는다.

하브루타는 논쟁(Debate)이 아니다

자, 질문이 만들어졌다면 묻고 대답하는 과정에서 하브루타의 원리적 7단계를 따라야 효과적이다. 하브루타가 항상 원리적 7단계를 따르는 것은 아니지만, 하브루타를 시행할 때 매우 유용하다. 원리적 7단계는 하브루타의 공식이라고 생각할 만큼 중요한 것이다. 따라서 시간을 내어 원리적 7단계를 항상 기억하고 적용해보아야 한다.

한국에 처음 하브루타를 소개한 사람들 중에는 하브루타를 논쟁(Debate)으로 잘못 이해시킨 사례가 있었다. 그런 사례는 하브루타에 익숙지 않은 한국 현실과 감정적인 한국인들에게 치명적인 오류와 오해를 불러 일으켰다. 하브루타는 논쟁이 아니다. 또 그런 식으로 몰아가선 안 된다. 한국인의 정서에도 맞지 않을뿐더러 하브루타에 대한 의욕을 위축시킨다. 하브루타는 혼자가 아닌 둘이서 짝을 지어 진리 또는 진실을 찾아 나가는 것이다. 그 과정에서 논쟁같이 보이는 부분이 있을 수 있지만 그것은 논쟁이 아닌 협력이라는 사실에 초점을 두는 것이 합당하다.

누가 이길까?

질문을 드린다. 법정에서 검사가 진술하고 변호사는 변론을 한다. 누가 이길까? 검사일까? 아니면 변호사일까? 검사도 변호사도 아니다. 언제나 그렇지만 진실이 이긴다. 검사가 이기는 것도 아니고 변호사가 이기는 것도 아니다. 논쟁은 사실여부를 떠나 목소리 큰 사람이나, 논리에 강한 사람이 이기지만, 하브루타는 그렇지 않다. 하브루타는 두 사람이 짝을 지어 함께 하나님의 말씀의 진의를 찾아내고, 그 말씀에 대한 적용과 실천을 이끌어내는 것이다. 혼자서는 할 수 없다. 둘이 짝을 지어 하브루타를 하다보면 생각지도 못했던 결과들을 얻어낼 수 있다. 이것이 하나님의 학습법의 원리이다.

어느 한쪽이 주도권을 쥐지 않는 동등한 입장에서 짝과 함께 대화를 나누는 것으로, 두 사람이 상대의 이야기를 경청하고 자신의 견해를 밝히며 대화를 이어간다. 따라서 짝과 하브루타 대화를 나누고 나면 상대에게 더욱 친밀한 감정이 들고 기분이 좋아지게 된다. 상대에 대한 배려와 존중이 있는 원활한 의사소통은 모든 인간관계의 기본이기 때문이다.

하브루타의 원리적 7단계를 기억하라

하브루타는 언어의 과학이다. 하브루타의 원리적 7단계는 세상의 모든 법정에서 진실을 찾아가는 최고의 원리이다. 마치 검사와 변호사가 법정에서 논쟁하는 것처럼 보이지만 상대방을 굴복시키는 것이 아닌 진실을 찾아가는 토론인 것처럼, 하브루타는 상대방과 함께 진리를 찾아가는 과학이다. 그 원리는 다음과 같다.

1. **진술** – 진술하는 사람(나)이 말씀을 사실적으로 진술한다. 사실을 있는 그대로 간략하게 진술한다. 말씀으로 하브루타를 할 때는 자신이 깨닫고 이해한 그 말씀을 그대로 설명하는 것이다.

2. **질문** – 짝은 내가 설명한 내용을 듣고 이해가 되지 않거나 납득되지 않은 부분을 질문할 수 있다. "왜 그렇게 생각하세요?", "그렇게 말씀하시는 근거는 무엇이죠?",

3. **대답** – 설명한 사람(나)은 짝이 질문한 내용에 대해서 자세하게 설명 및 대답을 한다.

4. 반박 - 짝은 내가 설명 및 대답한 내용에 반박하거나 반대의견 또는 이해되지 않은 것을 질문할 수 있다.

5. 증거 - 진술한 사람(나)은 짝의 반박이나 반대의견에 당황하지 않고 성경적 증거나 배경 또는 근거를 제시한다. 이때 상대방은 내가 제시한 증거나 근거를 수용하지 않을 수 있다는 사실을 염두에 둔다.

6. 갈등(서로 설명) - 짝은 내가 제시한 증거나 근거에 대해 사실이나 진실이 아닌 것을 지적하며 반박할 수 있다. 이 과정에서 서로 설명하면서 작은 갈등이 일어나는 것처럼 보일 수 있다.

7. 해결 - 진술한 사람(나)은 이러한 지적이나 반박을 예상하고 철저하게 치유의 말씀 및 사례를 준비해서 친절하게 설명하며 마무리 짓는다.

하브루타의 원리적 7단계는 말씀치유의 현장에서도 동일하게 적용할 수 있다. 일방적인 주장이 아닌 원리적 7단계를 통해 상대방과 깊고 진지한 하브루타를 통해 말씀의 진의와 함께 적용과 실천의 내용들을 효과적으로 나눌 수 있다.

하브루타를 천천히 정착시키라

하브루타의 이론에 대해 더 잘 알기 원하는 분들은 하브루타의 실제적 이론서인 『하브루타』(박종신 著/ 성경암송학교)를 참조하시면 도움이 될 것이다.

물론 단번에 결과를 얻을 수 없지만 낙심할 이유는 없다. 마치 어린 아이가 첫걸음을 떼다가 넘어지는 것처럼 처음부터 완벽하게 하브루타를 시행하기는 어렵다. 그러나 계속 하브루타를 하다보면 하브루타가 매우 자연스럽게 우리 안에서 정착하게 될 것이다. 우리는 하브루타를 통해 큰 기쁨과 행복을 찾게 될 것이다. 우리는 하나님의 말씀으로 하브루타를 하는 사이 모든 내적인 질병들이 치유되는 놀라운 경험을 하게 될 것이다. 그리고 우리는 더 밝고 아름다운 미래를 향해 힘찬 발걸음을 하게 될 것이다.

하브루타 말씀치유 사용법

❶ 1부의 내용을 꼼꼼히 읽으라
만약 이해가 어렵다면 반복해서 읽기를 권한다.

❷ 2부에 있는 135절의 말씀을 테필린(Tefillin) 방식으로 매일 선포하라
성경말씀 앞에 있는 질문을 읽고 그 질문에 대해 주어진 말씀으로 선포하라.
(월: 치유하시는 하나님, 화: 치유하시는 예수님, 수: 치유하시는 성령님, 목: 말씀치유의 근거, 금: 말씀치유를 위한 결단, 토: 말씀치유의 초대, 주일: 말씀치유의 선포)

❸ 매일 치유의 기도(2-8)를 선포하면서 기도하라

❹ 해설을 읽으라
해석과 해설은 다르다. 해설은 하브루타를 하기 위해 꼭 필요하다. 해설을 충분히 읽어 하브루타의 윤활유가 되게 하라.

❺ 하브루타의 3가지 질문을 기초로 하브루타를 시행하라
하브루타에서 가장 중요한 것은 질문이다. 따라서 주어진 3개의 질문보다 더 효과적인 질문을 말씀 속에서 찾아 질문하라. 질문의 유형은 앞에서 자세히 설명했다. 질문이 능력이므로 좋은 질문을 만드는 훈련을 해야 한다.

❻ 하나님의 치유하심을 믿고 감사하라

❼ 하브루타 말씀치유 135절을 온전한 나의 말씀으로 마음판에 새기라

제 1 부

성경암송과 하브루타를 통한 말씀치유

1 말씀치유란 무엇인가?

내적인 질병을 치유하라

사람들은 육체의 질병 치유를 위해선 노력하지만 내적인 질병에 대해서 무관심하고 노력을 기울이지 않는다. 그 이유는 내면의 충돌이 일어나기 전에는 내적인 문제를 심각하게 생각하지 않기 때문이다. 사람은 누구나 육체의 질병과 함께 내적인 치유가 함께 이루어지는 전인적 치유가 필요하다.

예수님을 구주와 주님으로 영접한 사람들 가운데 여전히 무기력, 열등의식, 피해의식, 비교의식, 수치심, 분노, 죄책감, 복수심, 친밀감 부재, 각종 중독, 각종 마음의 상처에 머물러 있는 사람들이 있다. 사실 대부분은 내적 질병을 앓고 있으며 이런 문제로 인해 성격이 왜곡되거나 손상된 감정으로 인해 고통을 받거나 다른 문제들을 야기하기도 한다. 따라서 이런 문제들은 반드시 치유해야 할 필요가 있다. 육체의 질병과 함께 내적인 질병에도 치유가 필요한 것은 당연한 것이다.

자연치유력의 한계

사람들에게는 자연치유력이 있다. 인간을 포함한 모든 생물체에는 스스로 생존할 수 있는 능력, 즉 자연치유력(Natural healing power: NHP)을 이용해 살아가게 된다. 자연치유력이란 본래 가지고 있는 항상성(Homeostasis) 유지기능과 주위환경에 대한 적응능력 등을 통해 건강을 유지하고 질병을 치유하는 힘을 말한다. 자연의학의 질병관은 병을 자연치유력의 약화에서 오는 것으로 체내의 면역 균형으로 향상성이 균형을 잃으면서 나타났다고 보고 있다. 그러므로 자연의학은 부분에서 전체성의 의학으로 전인적인 면을 갖고 있다고 할 수 있을 것이다.

그러나 자연치유력에는 한계가 있다. 사람은 자신이 감당할 수 있는 한계가 있다. 따라서 그 한계선을 넘게 되면 사람들은 치유의 한계를 넘어서 수많은 질병과 상처에 노출될 수밖에 없다. 결국 사람들은 질병과 각종 문제에 노출되고 신체적으로 정신적으로 향상성의 균형을 잃어버리는 결과를 얻게 된다.

향상성의 균형을 잃어버린 사람들은 성격이 왜곡되거나 신앙성장이 이루어지지 않고 각종 질병과 문제들과 중독현상들이 나타날 수 있다. 육체적으로 정신적으로 건강하지 못하기 때문에 지나치게 예민해지거나 병적으로 각종 문제들을 야기할 수 있다. 우울증, 조울증, 자기비하, 불안감, 번뇌, 두려움, 공포, 자신감 결여, 수치심 등이 대표적인 개인적 현상들이다. 그러나 내적 질병은 더 나아가 공격적이고 무서운 죄악의 결과를 낳기도 한다. 분노에 의한 살인, 알코올중독, 자살, 공격성 인격 장애, 사이코패스, 각종 폭력성향 등이다.

따라서 각종 문제들이 발생했을 때 즉각적으로 치유하고 해결하는 것이 가장 좋은 방법이다. 그대로 놔두면 상처는 점점 고착화되고 각종 스트레스로 전이되어 왜곡된 성격형성과 우울증, 그리고 각종 질병과 중독현상에 빠지게 한다. 마음에 상처가 있는 사람들의 특징은 권위를 부정하고 감정적으로 대처하며 신앙이 성장하지 못하는 원인이 된다.

기독교 내적치유의 정의

문제는 이러한 문제들을 '어떻게 치유할 것인가?'이다. 이러한 문제를 해결하기 위한 교계의 움직임이 활발하다. 일명 '내적치유'라는 치유법이 교회 내에서 시행되고 있다. 많은 사람들이 내적치유에 관심을 갖고 있으며 어떻게든 자신이 가진 상처들과 문제늘을 치유하고 싶어 한다. 그럼 내적치유란 도대체 무엇인가?

내적치유는 과거에 발생했던 좋지 못한 사건의 기억이나 어린 시절에 우리가 당한 상처 혹은 과거에 지은 특정한 죄 등이 감정적 혹은 정신적인 병의 원인을 치유하는 것으로 알려져 있다. 그래서 '내적치유'를 '과거의 상처의 치유'(Healing of Past Hurts)혹은 '깊은 차원의 치유' 또는 '기억의 치유'라고 부르기도 한다. 이는 쓰라린 과거 기억을 포함한 정서적 심리적인 상처들은 우리 자신이 저지른 죄악 또는 다른 사람들이 저지른 죄악으로 인한 피해 때문에 생기게 된다. 이러한 과거 상처들이 치유되면 속사람(Inner Man)이 과거의 감정의 노예로부터 해방될 때 회복된다. 따라서 과거에 받은 마음의 상처가 치유되는 것은 신체적이고도 가시적인 치유와 축사사역과는 완전히 분리될 수 없으나 분명하게 구별되는 개념으로서 일반적으로 내적치유(Inner Healing)라고 불리고 있다. 지금은 내적치유 사역으로 널리 알려진 내적 치유사역자들이 말하는 내적 치유의 정의에 대해서 살펴보고자 한다.

데이빗 시멘즈(David A. Seamands)는 "내적치유란 상처받은 감정과 치유되지 못한 기억들을 목회적인 차원에서 돌보아주고 그 치유를 위해 기도해 주는 것이다"라고 말했다. 그리고 내적 치유에 대해 "성령의 치유

능력을 특정한 형태의 감정적 영적 문제에 초점을 맞추는 기독교 상담과 치유 기도의 한 가지 형태이다. 내적 치유사역은 그러한 사역 중 하나의 사역에 지나지 않으며, 그러한 사역의 유일한 형태가 되어서는 안 된다. 그 이유는 지나친 강조는 과장과 오용을 낳기 때문이다"라고 했다.

그 분야의 또 다른 선구자인 존(John)과 폴라 샌포드(Paula Sandford)는 'The Transformation of the Inner Man'에서 내적치유 사역을 '속사람의 변화를 목적으로 하는 사역'으로 이해하고 있다.

베티 탭스코트(Betty Tapscott)는 내적치유를 이렇게 정의한다. "내적치유는 속사람 즉 마음, 감정, 괴로운 기억, 꿈 등을 치유하는 것이다. 그것은 기도를 통한 과정으로서 그것을 통해 우리는 원망, 자기 부정, 자기 동정, 우울, 죄책감, 두려움, 슬픔, 미움, 열등감, 정죄, 무가치 등의 감정으로부터 해방되는 것"이라고 말한다.

내적치유의 권위자인 찰스 H. 크라프트(Charles H. Craft)는 "내적치유 사역은 전인적인 치유를 목적으로 하여 성령의 능력을 통한 사역이다. 인간의 질병은 대체로 감정적 영적인 부분에 입은 상처와 연관되어 있으므로, 내적치유는 그곳에 초점을 맞춘다. 이 사역은 그러한 상처의 근원이 되는 부분에 그리스도의 능력을 적용하려 한다. 흔히 내담자의 기억에는 이러한 근원적인 것들이 무의식적으로 담겨 있기 때문에, 내적치유는 때로 '기억의 치유'라고 불리는 것에 초점을 맞춘다. 내담자를 치유하면서 흔히 당면하게 되는 구체적 문제는 용서하지 않음, 분노, 원망, 거부, 자부심의 결여, 두려움, 걱정, 성적인 문제 등이다"라고 말한다.

리타 베네트(Rita Bennett)는 "내적치유란 간단히 말해서 성령의 역사를 저해하고 있는 요인들을 치유함과 동시에, 그것들을 우리의 심리적인 본성으로부터 제거해 버리는 일을 주님과 협력하여 수행하는 것을 의미한다."고 했다.

세계적인 치유사역자인 존 윔버(John Wimber)는 "내적치유란 손상된 감정 등으로 고통을 받고 있는 사람들에게 성령께서 죄와 용서와 정서적인 회복을 이루어 주시는 과정으로서, 곤경에 빠져있는 우리의 존재와 삶의 영역에 복음의 능력이 역사할 수 있게끔 하는 것이다"라고 말했다.

내적치유는 속사람의 치유로서 정신(Mind), 의지(Will), 마음(Heart)과 관련된 모든 부분의 영역의 치유를 포함한다. 또한 우리의 감정(Emotions), 영혼(Psyche, Soul or Spirit)과 관련된 영역의 치유도 포함한다.

한편 영적인 병은 우리가 행한 것에 의해 기인하지만, 감정적인 병은 우리가 당한 것 혹은 일어난 사건에 의해 발생한다. 즉 과거에 우리가 이러한 상처는 나쁜 추억 혹은 연약한 혹은 상처받은 감정의 형태로서 현재를 살고 있는 사람들을 괴롭힌다. 또한 이러한 상처는 우리를 여러 가지 모양으로 문제 가운데로 몰아넣을 수 있다. 지금까지의 내적치유자들과 전인치유자들의 정의를 종합적으로 정리한다면 다음과 같이 말할 수 있을 것이다.

내적치유에 대한 일반적 정의

첫째, 내적치유는 회복하는 것이다.

내적치유는 회복하는 것이다. 과연 그렇다면 무엇으로부터 우리는 회복되어야 하는가? 우리는 반드시 2가지를 기억해야 한다. 창세기 1장 27-28절 "하나님이 자기 형상 곧 하나님의 형상대로 사람을 창조하시되 남자와 여자를 창조하시고 하나님이 그들에게 복을 주시며 하나님이 그들에게 이르시되 생육하고 번성하여 땅에 충만하라, 땅을 정복하라, 바다의 물고기와 하늘의 새와 땅에 움직이는 모든 생물을 다스리라 하시니라"는 말씀에서 우리가 회복되어야 할 두 가지 사실을 분명하게 언급하고 있다. 첫째는 하나님의 형상을 회복하는 것이고, 둘째는 복(福)을 회복해야 한다. 그것은 하나님이 사람을 창조하신 원래의 목적을 회복하는 동시에 사람에게 주신 복과 권리를 회복하는 것이다.

둘째, 내적치유는 해방되는 것이다.

과거의 마음의 상처로부터 해방되고 고통으로부터 자유로워지는 것을 말한다. 과거의 상처는 상처로 끝나는 것이 아니다. 상처는 고통을 동반하는 동시에 그 사람을 억압한다. 실제로 많은 사람들이 어릴 때의 상처의 억압에서 벗어나지 못한 채 살아간다. 일평생 무거운 짐을 지고 살아가는 것이다. 무거운 짐에서 해방되는 것이 바로 내적치유이다.

셋째, 내적치유는 바르게 하는 것이다.

내적치유란, 상처받은 사람들이 받는 상처에 대해 올바르게 반응할 수 있도록 성경적이고 영적인 통찰력을 갖도록 격려하는 것이다.

넷째, 내적치유는 과거의 사건을 재조명하는 것이다.

재조명이란, 과거에 일어난 어떤 사건에 대해 새로운 시각을 갖는 것을 말한다. 부정적인 시각을 긍정적인 시각으로 재조명하는 것이다.

다섯째, 내적치유는 바꾸는 것이다.

내적 치유 사역에서는 환자의 과거의 부정적인 결과를 제거해주시고 긍정적인 것으로 바꾸어 주시기를 예수님께 기도한다. 여기서 과거의 사건 자체를 변하게 해 달라는 것이 아니라 그 사건의 결과를 바꾸어 주시도록 기도하는 것이다.

여섯째, 내적치유는 보통 한 사건 이상의 과정이다.

우리의 기억들은 마치 양파껍질처럼 여러 겹으로 형성되어 있다. 양파의 겉껍질을 벗기년 다음 껍질이 있듯이 우리의 기억들은 겹겹이 연결되어 한 단계의 치유가 끝나면 다음 단계로 이어지게 된다. 때때로 이러한 일련의 과정은 매우 중요하다.

예들 들면, 상처받은 사람에게 내적치유가 일어나기 위해서는 자신에게 상처를 준 사람을 용서할 필요가 있는 것이다. 내적치유는 각각 개인의 시간대에 따라 이루어지는 것이다. 그것은 단회 사건이 아니라 일련의 과정이기 때문이다.

일곱째, 내적치유는 기억의 치유이다.

보통 사건 자체는 한 번의 상처를 입히지만 그 사건이 계속 상처를 주게 된다. 실로 기억은 강한 힘이 있어 하나님의 은혜가 없이는 지속적으로 부정적인 결과를 초래하게 될 것이다. 시간의 흐름이 어느 정도 기억의 고통을 무디게 할 수는 있겠지만 그렇다고 시간이 그것을 완전히 해결해 주는 것은 아니다.

여덟째, 내적치유는 용서를 적용하는 것이다.

많은 영적 훈련들이 우리가 미처 인격의 깊은 부분을 변화시키기도 전에 급히 진행되곤 한다. 많은 사람들이 단순히 예수님의 임재와 용서와 무한한 사랑을 확인하는 시간을 가짐으로써 상처받은 자아상에 새겨진 아픔의 흔적들을 치유 받은 경험의 과정은 고백과 용서이지만, 예수님이 우리를 위해 행하신 일들을 내적으로 체험할 충분할 시간적 여유가 있어서 내적 치유의 참된 효과를 얻을 수 있다.

아홉째, 내적치유는 회개하는 것이다.

과거 마음의 상처와 고통이 타인의 영향만으로 일어난 것이 아니다. 회개란 능동적인 돌이킴을 의미한다. 과거의 습관적인 죄와 잘못에 대해 회개하고 하나님의 용서를 구해야 한다. 내면의 진정한 치유는 능동적인 회개에서 시작한다. 회개 없이 하나님의 치유를 기대하기는 어렵다.

비성경적인 내적치유

나는 이 아홉 가지의 내적치유의 일반적 정의가 옳다고 생각한다. 내적치유나 전인치유란 이렇게 다양하게 진단된다는 사실을 알게 한다. 그러나 결국에는 치유란 주 예수님이 과거의 상처들을 해결하시도록 그분께 의탁 드리며 그 상처의 부정적인 결과들을 치유해 주시도록 기도하는 것으로 정의하고 있다.

그러나 모든 것은 과유불급(過猶不及)이다. 내적치유이나 전인치료 역시 지나치면 본질을 벗어나 비성경적이고 인위적인 방법, 심리적인 치유법, 명상, 한의학, 심지어는 미신적인 방법까지 동원하는 오류를 범할 수 있다. 심지어 심리학이나 의학에서조차 인정하지 않는 폭력적인 방법까지 동원하는 경우가 있다.

최근 드러나는 치유의 현장에서 그런 모습을 쉽게 찾아볼 수 있다. 상처를 주었던 사람을 향해 분노를 터트리게 하여 해소시키는 방법, 악을 쓰며 몽둥이로 두들기는 방법, 불을 끄고 어두운 방에서 소리를 지르면서 분노를 터트리게 하는 방법 등등 상식적으로도 도저히 이해할 수 없는 치유방법들이다.

통속 심리학들

내적치유자들이나 전인치유자들이 선호하는 통속 심리학(pop psychology)에서는 북(drum)같은 것을 만들어 두드리며 큰 소리로 노래를 부르게 한다. 그러면서 그들이 묻는 기본적인 질문은 "왜 나는 이런 일을 하고 있느냐?"는 질문이다. 대부분의 내적치유나 전인치유의 체계가 이러한 질문방식에 따라 움직인다. 내가 그렇게 하는 것은 이전에 나에게 닥쳤던 일들 때문이라는 것이다. 그러한 과거가 오늘의 나의 행동을 결정한다는 것이다. 이는 신학적으로 근본적인 오류를 들어내는 것이다.

적지 않은 내적치유자들과 전인치유자들이 이러한 심리학적인 방법을 사용하고 있다. 타악기를 동원하는 열정적인 찬양으로 집회분위기를 띄우고, 특정한 단어나 구절을 반복해서 외치도록 해서 감정의 격앙을 일으킨다. 또한 편지를 태우고, 바가지를 깨뜨리고, 타이어를 쳐대는 등의 기이한 방법을 동원한다. 이런 심리치료는 이미 꿈 치료, 최면치료, 음악이나 미술치료 등의 방식과 다를 바가 없으며 성경적인 치유와 정면으로 배치된다.

치유에도 종교개혁이 필요하다

나는 내적치유나 전인치유가 성경적이고 온유한 방법으로 사용되는 것이 옳다고 믿고 있다. 성경의 말씀에 전적으로 의거해야 하고 하나님 말씀 앞에 순종해야 한다고 확신한다. 성령의 아홉 가지 열매들에게서 나타나는 것들이 바로 진정한 내적치유와 전인치유의 과정인 동시에 결과이어야 한다고 믿고 있다.

분명한 것은, 내적치유나 전인치유가 성경 밖으로 나가서는 안 된다는 사실이다. 성경 밖으로 나가 세상의 치유자들이나 무당처럼 할 바에는 기독교, 성경 또는 목사라는 단어를 빼야 할 것이다. 시대가 달라지고 환경이 바뀌었다 하더라도 사람의 마음에 있는 상처와 문제들은 동일할 수 있다. 따라서 시대에 따른 방법이 아닌 하나님의 말씀 앞에서 자신을 내려놓고 순종하면서 치유를 경험하는 것이 성경적이다.

동시에 내적치유와 전인치유가 성경 전체의 주장이 될 수 없다는 사실을 알아야 한다. 우리 모두는 가해자인 동시에 피해자이기 때문에 치유를 받아야 하는 대상자들이기도 하다. 그렇다고 성경이 내적치유나 전인치유만을 이야기하지 않는다는 사실이다. 그 이유는 치유가 중요한 것은 분명하지만 그것이 성경의 일부분에 지나지 않으며 내적치유나 전인치유가 복음과 진리를 대체할 수 없기 때문이다. 내적치유에도 종교개혁이 요구되는 이유이다.

말씀 안에 치유가 있다

사도바울은 수많은 상처를 지닌 사람이다. 그러나 그는 자신의 상처를 부여잡고 매달리지 않았다. 분명 내적치유는 매우 중요하지만 그가 주장했던 복음 이상의 효력을 지닌 것이 아니었기 때문이다. 그는 수많은 핍박과 상처를, 그리고 곤고함을 치유하려고 하기보다는 자신에게 주어진 사명을 더 기뻐하며 그것을 바라보며 달려가기를 즐겨했던 사역자이다.

하나님은 '치료하시는 하나님'이시다. '여호와 라파'(Jehovah Rapha)라는 말의 의미는 '치료하시는 하나님'이라는 뜻이다. 그러나 하나님은 치유에만 전념하시는 하나님은 아니시다. 치유는 하나님의 수만 가지 사역 중의 하나일 뿐이다. 하나님은 우리가 상처와 내적치유에만 몰두하여 다른 사역을 소홀히 여기기를 원치 않으신다. 치유도 중요하지만 평생 치유에만 매달려 살아가는 것은 합당하지 않다. 허구한 날 '치유! 치유!'만을 주장하는 것은 우리 그리스도인들의 삶의 목적이 될 수 없다.

사람은 누구나 내적 질병을 갖고 있다. 따라서 진정한 내적 질병의 해방은 천국에서 이루어지게 될 것이다. 사도바울은 평생 질병을 안고 사역하다가 하나님 품으로 돌아갔다는 사실을 알아야 한다.

나는 치유사역이 하나님의 말씀으로 돌아가기를 간절히 소망한다. 하나님의 말씀인 성경에는 진리와 함께 치유가 포함되기 때문이다. 말씀의 핵심이신 예수님은 치유자이다. 상처들과 문제들을 치유하는 것은 하나님의 말씀으로 귀결되어야 한다. 결국 치유는 하나님의 말씀으로만 가능하다는 사실이다. 즉 성경암송을 통한 말씀치유가 필요하다는 것이다.

성경암송 말씀치유(Bible Recitation Inner Healing : BRIH)란 하나님의 말씀으로 치유를 적용하여 하나님의 사람으로 온전하게 되며 모든 선한 일을 행할 능력을 갖추는 것이다. 심리학적 방법이나 기독교에서 일반적으로 시행되고 있는 치유방법이 아닌 오직 하나님의 말씀을 암송하고 그 문제를 놓고 선포하고 기도하면서 치유를 받는 것이다. 사람들마다 각각 다른 여러 가지 증세를 위해 준비된 하나님의 말씀을 새기고 적용하며 실천하면서 치유를 경험하는 성경적인 치유법이다. 그 치유법을 자세히 다루기로 하자.

2 말씀치유의 핵심

카를 융 이야기

심리학의 거장이자 영혼의 의사였던 카를 융(Carl. Gustav. Jung 1875-1961)의 자서전인 「카를 융, 기억 꿈 사상」은 그가 네다섯 살 유년 시절부터 시작한다. 그는 집 앞에 혼자 앉아 모래장난을 하다가 챙이 넓은 모자에 길고 검은 외투를 입은, 마치 여자 옷을 입은 남자 같은 형상이 걸어오는 것을 보는 순간 금방이라도 죽을 것 같은 공포로 어쩔 줄을 몰랐다. 왜냐하면 "저 사람은 예수회 수도사(Jesuit)다!"라는 사실을 충격적으로 인식했기 때문이었다.

영어사전에서 'Jesuit'를 찾아보면 '예수회 수도사'와 더불어 '음험한 책략가, 음모가'라는 풀이가 나온다. 형용사형인 'Jesuitical'에는 '교활한, 음험한, 궤변적인'이란 뜻풀이가 나온다. 이렇듯 개신교 전통을 지닌 영어권에서는 가톨릭에 대한 반감이 있었다.

스위스 출생으로 개신교 목사의 가정에서 태어난 카를 융은 가톨릭의 이미지에 본능적인 두려움을 느낀 것이다. 이 일이 있은 뒤 며칠 동안이나 융은 소름끼치는 공포 때문에 수족을 꼼짝할 수 없었다. 물론 나중에 카를 융은 그 검은 형상이 전혀 해를 끼치지 않는 가톨릭 수도사였다는 것을 알게 된다.

카를 융이 체험한 신(神)

11세부터 영적인 문제에 관심을 가지기 시작한 융에게 신은 가장 확실하고 직접적인 경험이었다. 신의 존재는 관념, 즉 생각해서 고안해낸 것이 결코 아니었다. 그에게 신의 존재는 마치 머리 위에 떨어지는 벽돌과도 같이 너무나 분명했으며, 신은 적어도 그에게는 가장 확실한 경험이었다.

융의 회상기를 보면 어릴 때부터 목사인 아버지의 신앙세계에 대하여 융이 얼마나 깊은 회의에 빠졌고 치열한 갈등을 겪었는지 알 수 있다. 그가 청년기에 밝은 면과 어두운 면을 함께 포괄한 신의 본체에 관한 생각을 끝까지 추구해 들어갔을 때 그는 극적인 환상을 보았고 거기서 구원의 해방감을 느꼈다. 그는 그것을 신의 응답이며 계시라고 생각했다. 그 이후의 무의식에 관한 체험을 통한 연구에서 그는 인간무의식 속에서 '신(神)의 상(像)'을 발견했다.

압도적인 체험을 한 융은 목사인 아버지의 설교에 의문을 갖기 시작한다. 아버지가 하는 말들은, 마치 어떤 사람이 자신은 전혀 믿지 못하거나 소문으로만 들어 알고 있는 이야기를 할 때처럼 진부하고 공허하게 들렸다. 그는 '아버지는 자신이 하고 있는 말을 정말 이해하고 있을까?'라는 의심도 생겼다.

신의 비밀을 모르는 사람들의 발버둥

교회는 융에게 점점 괴로운 장소가 되었다. 그곳에서 목사들은 뻔뻔스럽다고 할 정도로 큰소리로 신에 대한 설교를 했지만, 융은 아무도, 심지어 목사들도 신에 대한 비밀을 모르고 있다는 결론을 내린다. 정말로 신의 비밀을 아는 자라면 그 비밀에 대한 말로 다할 수 없는 감정을 그토록 진부하고 감상적인 표현으로 더럽힐 수가 없기 때문이었다. 그가 만난 목사들은 신의 비밀을 모르는 신학적 이론가에 불과하다는 판단을 내린다. 그리고 목사들은 한결같이 자신이 체험하지 못한 신을 체험한 것처럼 호도하는 것으로 봤다. 따라서 융에게 있어 교회는 더 이상 출석해서는 안 되는 곳이었다. 적어도 융에게 그곳은 생명이 아니라 죽음이 있는 곳이었다.

그는 완전히 혼자라는 것을 느꼈다. 종교 문제에 관해 그는 누구와도 대화의 접촉점을 찾을 수 없었고, 다른 사람에게 소외감과 불신과 두려움을 느끼게 된 그는 말이 없어지고 말았다. 그러나 그는 자신이 미쳤는지도 모른다는 생각은 한 번도 하지 않았다. 왜냐하면 신의 빛과 어둠은 비록 중압감을 주기는 했지만 그에게는 이해될 수 있는 사실들로 여겨졌기 때문이다.

그가 10대 후반이었던 김나지움(Gymnasium) 시절, 그는 아버지와 종교문제로 언쟁을 벌이곤 했다. 이 과정에서 그는 어떤 특별한 문제가 아버지를 괴롭히고 있음을 알게 되었다. 그로서는 가장 명백한 체험이었던 신에 대한 체험을 아버지가 갖지 않았다는 것이었다.

융은 아버지가 기도하는 것을 들은 적이 있었다. 아버지는 신앙을 지키려고 필사적으로 몸부림치고 있었다. 융은 아버지가 얼마나 절망적으로 교회와 그 신학적 사고방식에 붙들려 있는가를 보았다. 융은 자신이 알고 있는 신학자들 중에 '어둠을 밝히는 빛'을 자기 눈으로 본 사람이 없다는 것을 확신하게 되었다. 만일 그들이 그 빛을 보았다면 '신학적인 종교'를 가르칠 리가 없었기 때문이다.

하나님을 아는 것과 믿는 것

융은 죽기 2년 전인 1959년 3월, 융은 BBC TV와 인터뷰를 한다. BBC의 사회자였던 존 프리맨(John Freeman)은 융에게 "신을 믿느냐?"고 물었다. 수백만 시청자들은 융이 어떤 대답을 할 것인가 긴장하며 기다렸다. 융이 천천히 대답했다.

> "나는 신을 압니다(I know). 아시다시피 믿음이란 말은 내게는 무척 어렵습니다. 나는 신을 믿지 않아요. 내게는 어떤 가정을 하려면 그 이유가 있어야 합니다. 내가 어떤 것을 알게 되면 나는 그것을 알 뿐이지 꼭 믿어야 할 필요가 없는 거죠. 예를 들면, 사과라는 과일을 알지만 그것을 믿지는 않습니다. 믿기 위해서 믿는 것을 나는 결코 내 자신에 허용하지 않습니다."

카를 융은 신을 믿느냐는 질문에 '믿는다'라는 말 대신 '신을 안다'라는 답변을 대신했다. 그것은 신이 없다는 주장이 아닌 믿기 위해서 믿어야 하는 것을 허용하지 않는다는 것이었다. 사실 '믿는다'라는 것은 종교적 용어로 거리낌 없이 사용하지만, 실제로 신을 체험하지 못한 사람들이 자신의 믿음을 합리화할 때 쓰는 용어이기도 하다. 아들이 '아버지를 믿는다'라고 하지 않고 '안다'고 하는 것처럼, 아는 것을 굳이 '믿는다'로 표현할 이유가 없다는 것이다. 그것은 융이 신을 체험했음을 고백하는 말이다. 그러면서 융은 신과 치유의 관계에 대한 설명을 이어 나갔다.

> "내가 지난 46년 간 정신의학자와 의사로서 수많은 환자들을 진료한 결과, 99% 그들의 정신적인 질병의 원인이 바로 신(God)과의 거리가 멀어졌을 때 발생했다는 사실을 발견했습니다. 종류와 상관없이 모든 정신적인 질병의 원인은 바로 신과의 거리에 있다는 사실은 분명한 진리입니다."

그러자 사회자는 "과연 그렇다면 박사님은 환자들을 치료하기 위해 약물치료나 의학적 치료를 하지 않았다는 말씀인가요?"라고 물었다. 그러자 카를 융은 이렇게 대답했다.

"물론 약물치료와 함께 상담을 통해 환자들을 치료했지요. 상당히 효과가 있었습니다. 그런데 문제는 거의 재발했다는 사실입니다. 어떤 방법으로도 환자들의 재발을 막을 수 없었습니다. 결국 나는 모든 질병의 원인이 신과의 거리가 멀어졌을 때 발생했다는 사실을 알게 되었습니다."

카를 융이 말하는 '신'이 기독교의 하나님으로 지칭하진 않았지만, 카를 융의 이론을 정리하면 다음과 같다.

첫째로, 신과의 체험이 절대적으로 중요하다고 말한다. 그의 아버지는 하나님을 믿는 사람이었고 개신교 목사였지만 하나님과의 체험이 없었다. 그의 아버지의 설교는 공허했고, 기도는 하나님을 체험한 사람의 기도가 아닌 하나님을 만나지 못한 사람의 기도에 머물러 있었다. 그의 아버지는 미지의 하나님을 찾는 신앙에 불과했다는 사실이다.

지금도 하나님을 전혀 체험하지 못한 목회자, 신학자 같은 종교인들이 공허한 목소리와 이론만 남발하고 있다는 사실이다. 그런 사람들이 교회와 신학교에서 사람들을 가르치고 있다. 그들은 아직 '어둠을 밝히는 빛'을 체험하지 못한 사람들이다.

다른 하나는, 모든 내적치유는 하나님과의 거리에 상관한다는 사실을 확인할 수 있다. 그럼 하나님과의 거리는 어떻게 조정되는가? 그것은 바로 하나님의 체험과의 거리를 의미한다. 융의 주장에 따르면 하나님을 체험하는 것이 하나님을 가까이 하는 것이라는 것이다.

하나님을 가까이 하는 방법

과연 그렇다면 우리는 어떻게 하나님을 가까이 할 수 있는가? 보이지 않는 하나님을 어떻게 체험하며, 하나님과의 거리를 어떻게 가까이 할 수 있을까? 그것은 말씀을 가까이 하는 것이다. 그 말씀이 바로 시편 119편 151절에서 확인할 수 있다.

여호와여 수께서 가까이 계시오니 주의 모든 계명들은 진리니이다 (시 119:151)

하나님은 진리의 말씀이시기 때문이다. 하나님을 가까이 한다는 것은 바로 진리의 말씀을 가까이 한다는 것과 동일한 표현이다. 즉 하나님의 말씀을 암송한다는 것이 하나님을 가까이 하는 것이다. 신명기 6장 5-6절에 이렇게 기록되어 있다.

너는 마음을 다하고 뜻을 다하고 힘을 다하여 네 하나님 여호와를 사랑하라 오늘 내가 네게 명하는 이 말씀을 너는 마음에 새기고 (신 6:5-6)

쉐마의 첫 번째 명령은 마음을 다하고, 뜻을 다하고, 힘을 다하여 하나님을 사랑하라고 말씀하신다. 그럼 마음과 뜻, 그리고 힘을 다하여 하나님을 사랑하는 방법은 무엇인가? 그것은 바로 '이 말씀을 너는 마음에 새기고'이다. 즉 성경암송이다. 하나님의 말씀을 마음에 담는 것이 바로 마음을 다하고, 뜻을 다하고, 힘을 다하여 하나님을 사랑하는 것이다.

사람들은 하나님을 사랑하는 방법에 대해 자기 소견대로 이해하고 있다. 주일성수를 잘하고, 교회에서 봉사를 잘하고, 헌금을 많이 하는 것이 하나님을 사랑하는 것이 아니다. 이런 것만을 주장하는 것은 사이비 종교

지도자들이 자신들의 유익만을 위한 것이다. 동시에 하나님을 진정으로 믿지 않는 사람들이 하는 사견(私見)이다.

> 그 때에 이스라엘에 왕이 없으므로 사람이 각기 자기의 소견에 옳은 대로 행하였더라 (삿 21:25)

성경은 하나님을 사랑하는 방법, 하나님을 가까이 하는 방법을 분명하게 명시하고 있다. 하나님을 진정으로 사랑하는 방법은 하나님의 말씀을 마음에 두는 정도가 아닌 새길 정도로 가까이 하는 것이다. 이것이 바로 하나님과의 거리를 의미한다. 즉 마음으로, 뜻으로, 힘을 다하여 하나님의 말씀을 내 마음에 새기는 행위가 바로 하나님을 사랑하는 것인 동시에 하나님과의 거리를 가까이 하는 것이다. 이것이 바로 '성경암송 말씀치유'인 것이다.

성경암송 말씀치유란

그럼 성경암송 말씀치유(Inner Healing by Bible Recitation)의 핵심은 무엇일까? 성경암송 말씀치유는 기존의 내적치유와 근본이 다르다는 사실이다. 성경임송 말씀치유역시 사람들의 마음속에 있는 질병, 즉 열등의식, 피해의식, 비교의식, 수치심, 분노조절실패, 죄책감, 복수심, 각종 중독, 원망, 자기 부정, 자기 동정, 우울, 두려움, 슬픔, 미움, 정죄, 무가치, 무기력 등의 요소들을 인정한다. 그리고 다양한 내적 질병들의 치유의 근거를 하나님의 말씀에 두는 것이다. 즉, 전인적 말씀치유의 유일한 방법으로 오직 하나님의 말씀을 경외하는 가운데 치유함을 얻게 하는 것이다. 하나님의 말씀으로 사람이 창조되었기 때문이다.

> 내 이름을 경외하는 너희에게는 공의로운 해가 떠올라서 치료하는 광선을 비추리니 너희가 나가서 외양간에서 나온 송아지 같이 뛰리라 (말 4:2)

하나님의 말씀은 우리의 질병을 치료하신다. 말라기 4장 2절에서 '내 이름을 경외하는' 말씀이 나온다. 하나님을 경외하는 사람에게 하나님은 치료하는 광선을 비추어 주시겠다고 하셨다.

하나님은 사람을 창조하셨다. 따라서 사람을 치유하는 온전한 방법은 사람을 창조하신 하나님의 말씀에 있다. 바로 하나님의 말씀만이 사람을 온전히 치유할 수 있다. 하나님은 말씀으로 사람을 창조하셨다. 따라서 사람을 창조하신 하나님의 말씀이 창조된 사람을 치유하는 것이다.

그동안 내적치유의 문제점 중의 하나가 하나님의 방법이 아닌 심리학에 기반을 두고 형성되거나 기복주의에 의거한 방식으로 치유를 시도했다는 것이다. '성서적 내적치유'라고 주장하는 사역자들 역시 성경말씀 몇 절을 우려먹기에 급급하다. 전적인 하나님의 말씀으로 전인적인 접근 및 치유가 아닌 단편적인 일부의 성경말씀으로 인용한다. 대부분 전인치유를 주장하는 사람들도 마찬가지이다. 그들도 몇몇 구절을 가지고 전인치유가 성경적인 것처럼 주장한다.

세속화된 내적치유와 전인치유

문제는 그들은 하나님의 말씀에 전적인 신뢰를 두는 것이 아니라는 것이다. 내적치유자들이나 전인치유자들은 치유를 과학적이고 실험적인 서양의학의 접근법과 양생중심의 동양의학적 접근법을 조화시킨 의학적 돌봄과 질병의 원인을 잘못된 정신과 영적 무질서로까지 추적, 근원을 주장하는 가계치유, 그리고 치료이후 가정과 사회에 정상인으로 적응할 수 있도록 환경을 개선해준다는 사회적 돌봄 등 세 가지를 포함해야 한다고 주장한다.

동시에 건강의 5계명을 제시하기도 한다. 1계명은 바르게 먹는 정식(正食), 2계명은 제대로 숨을 쉬는 정식(正息), 3계명은 제대로 잠을 자는 정면(正眠), 4계명은 적당한 운동을 하는 정동(正動), 5계명은 하나님과의 바른 관계인 정심(正心)이라고 주장한다. 건강을 위해 5계명은 건강을 위해서는 유익하겠지만 이러한 전인적 치유는 하나님의 말씀이 아닌 인본주의적이고, 세상적이고, 한의학적이며, 심리학적 방식의 치유방식이라는 사실을 부인할 수 없다.

사람의 창조부터 치유까지 사람의 내면을 온전히 치유할 수 있는 것은 하나님의 말씀뿐이다. 사람들의 내적 질병을 온전히 치유하는 근거는 오직 하나님의 말씀뿐이다. 성경에 나오는 몇몇 치유, 속사람, 치료라는 단어가 아닌 근본적인 하나님의 말씀의 능력으로 치유해야 한다. 그 말씀의 근거가 바로 디모데후서 3장 16절에서 17절의 말씀이다.

> 모든 성경은 하나님의 감동으로 된 것으로 교훈과 책망과 바르게 함과 의로 교육하기에 유익하니 이는 하나님의 사람으로 온전하게 하며 모든 선한 일을 행할 능력을 갖게 하려 함이라 (딤후 3:16-17)

DRCI

모든 성경, 즉 66권은 하나님의 감동으로 된 것이다. 그리고 그 말씀들의 최종 목적지는 그 성경을 읽는 사람들이 하나님의 사람으로 온전해지는 것이다. 그리고 선한 일을 행할 능력을 갖추는 것이다. 이것이 바로 전인적인 말씀치유이다.

그럼 어떻게 하는 것이 하나님의 사람으로 온전해지는 것이며 선한 일을 행할 능력을 갖추게 하는 것인가? 그 핵심은 바로 교훈(Doctrine), 책망(Reproof), 바르게 함(Correction), 의로 교육(Instruction in righteousness)이다. 즉 DRCI가 바로 하나님의 말씀으로 통한 치유법이다.

첫째로 교훈(Doctrine)이 있어야 한다.

교훈이란 성경적 원칙을 의미한다. 어떤 문제에 대해서든 우리는 성경적 원칙이 있어야 한다. 어떤 문제에 대해서든 성경의 주장이 무엇인가를 알아야 한다. 그렇지 않으면 그것이 옳은 것인지, 옳지 않은 것인지 알 수 없다. 세상적 기준이 원칙이 될 수 없다. 오직 원칙은 성경적 원칙일 뿐이다. 그 문제에 대한 하나님의 말씀을 읽고 암송하면서 교훈을 받아들여야 한다. 암송하는 이유는 그 문제에 대한 정확한 지침을 제시하기 위해 말씀을 마음에 간직하는 것이다.

둘째로 책망(Reproof)이 있어야 한다.

성경적 원칙에 따르지 않았을 때 성경은 우리를 책망한다. 잘못된 문제에 대해 성경적 책망이 있어야 한다. 피해자라는 이유로, 아프다는 이유로 무조건 위로하고 감싸지 않는다. 우리는 잘못한 것에 대해서는 하나님의 말씀으로 책망을 받아야 한다. 책망은 파괴가 아니라 회복을 위해 불가피한 것이다. 죄에 대해, 잘못된 것에 대해, 부정적인 것에 대해 엄격한 책망을 받아야 한다. 옳고 그름을 분명히 파악하고 말씀으로 자신을 책망하고 회개해야 한다.

셋째로 바르게 함(Correction)이 있어야 한다.

책망을 받았음에도 고쳐지지 않은 잘못이 있다. 이때 필요한 것은 바르게 함, 곧 교정이다. 전인적인 치유를 위해 반드시 필요한 것은 교정이다. 비뚤어진 문제들을 말씀으로 교정해야 한다. 왜곡된 문제들을 말씀으로 교정해야 한다. 치유는 하나님의 말씀으로 교정할 때 일어나게 된다. 하나님의 말씀은 절대적이기 때문에 분명한 방향을 제시한다. 교정은 아프고 힘든 과정을 요구할 수 있다.

오랫동안 잘못된 습관에 젖어 있는 삶을 교정하기란 쉬운 일이 아니다. 비뚤어진 나무를 바르게 교정하기 위해선 오랜 시간 고통을 감수해야 한다. 마찬가지로 비뚤어진 심성과 타성을 올바르게 교정하기란 쉬운 일이 아니다. 오랜 시간과 고통이 수반될 수 있다.

넷째로 의로 교육(Instruction in righteousness)이 있어야 한다.

의로 교육한다는 것은 천국시민의 삶의 방향을 제시하는 것이다. 그것이 바로 하나님의 의의 방법이다. 하나님의 의로 교육한다는 것은 문제를 넘어 하나님의 사람으로 살아가는 방법을 제시해 주는 것이다. 어떤 문제이든 최종의 방향은 하나님의 말씀을 통한 의로 교육이다.

사람들이 만든 프로그램들

그러나 한국교회는 하나님의 말씀을 통한 '의로 교육'이 아닌 사람들이 만든 프로그램으로 이를 대체해왔다. '의로 교육'은 매력이 없는 반면, 사람들이 만든 프로그램들은 매력적이고 교회성장에도 도움이 되는 것처럼 보였다. 따라서 한국교회는 '의로 교육'이 아닌 각종 프로그램을 도입하기에 힘쓰는 동안 프로그램들은 더욱 많아졌고 '의로 교육'은 교회와 가정 속에서 자취를 감추게 되었다.

아버지학교와 어머니학교를 비롯한 각종의 가정사역, 열린 예배, 성경공부, 치유사역, 전도훈련, QT, 문화사역, 찬양사역, 다음세대를 위한 프로그램 등등 이미 수많은 프로그램들이 한국교회를 거쳐 갔고, 또 새로운 프로그램을 도입하려고 혈안이 되어 있다. 소형교회부터 시작하여 대형교회까지 교회성장에 도움이 된다고 생각하는 프로그램을 도입하려고 발버둥 치고 있다. 그래야만 교회성장에 도움이 된다고 생각하기 때문이다.

프로그램(Program)이란 일의 진행이나 순서를 말한다. 원래 프로그램이란 컴퓨터 용어로서, '어떤 문제를 해결하도록 컴퓨터에 주어지는 자료 처리 방법과 순서를 기술한 일련의 명령문의 집합체'를 말한다. 쉽게 말하면 프로그램에는 생명이 없다는 것이다. 베드로는 이에 대해 이렇게 말했다.

> 베드로가 이르되 은과 금은 내게 없거니와 내게 있는 이것을 네게 주노니 나사렛 예수 그리스도의 이름으로 일어나 걸으라 하고 (행 3:6)

우리가 일반적으로 생각하기에 앉은뱅이에게 은과 금이 필요하다. 그러나 베드로와 요한에게는 은과 금은 없었다. 일반적으로 생각할 때 아무런 도움이 되지 않을 수 있었다. 그러나 베드로는 은과 금이 아닌 나사렛 예수의 이름으로 그를 걷게 했다. 앉은뱅이는 몇 푼 정도의 은과 금을 구했지만 그것은 그에게 하루생활에 필요한 일시적 도움에 불과했다.

생명과 프로그램의 차이

그러나 아무런 도움이 되지 않을 것 같은 예수 그리스도의 이름은 그를 걷게 했고, 뛰게 했고, 하나님을 찬양하게 했다. 영원한 도움이 된 것이다. 이것이 바로 프로그램과 예수 그리스도 이름의 차이이다. 오직 길과 진리, 그리고 생명은 예수 그리스도를 통해 얻기 때문이다.

유대인들에게는 어떤 프로그램도 없다. 그들은 오직 성경을 암송하고, 하브루타를 하고, 이것을 평생 유지하기 위해 테필린을 선포한다. 그들은 모든 문제의 해답을 프로그램이 아닌 성경에서 찾는다. 그 해답을 찾기 위해 하브루타를 한다. 그리고 해답을 찾아 적용하고 실천한다. 여기에서 기적이 일어나는 것이다. 그리고 언제나 첫 걸음은 성경암송이다.

즉 말씀치유란 하나님의 말씀을 암송하여 그 말씀으로 교훈과 책망과 교정과 의로 교육하여 치유하는 하나님의 방법이다. 따라서 사람들에게서 나타나는 온갖 문제들을 하나님의 말씀인 교훈과 책망, 교정 및 의로 교육하는 네 단계를 거쳐 치유해 나가려고 한다. 그 단계마다 분명한 하나님의 말씀을 제시하고 그 말씀을 암송하게 하는 것이다.

말씀치유가 필요한 사람들

그럼 말씀치유가 필요한 사람은 어떤 사람들인가? 서론에서 밝혔듯이 모든 사람은 상처가 있고 이에 따른 말씀치유가 필요하다고 했다. 즉 모든 사람에게 말씀치유가 필요하다는 사실이다. 말씀치유를 위해선 자기진단이 필요하다. 자신에게 나타나는 문제들이 어떤가를 아는 것이 매우 중요하다. 다음과 같은 현상들이 나타나는 사람들은 말씀치유가 절대적으로 필요한 사람들이다.

1) 쉽게 흥분하거나 화를 낸다.
2) 감정의 변화가 있을 때 심한 통증이 뒤 따른다.
3) 지나치게 과묵하고, 냉정하고, 무감각하며 잔인하다.
4) 대인관계에서 억압적이고 배타적이며 반대로 지극히 의존적이다.
5) 비판적 태도, 부끄러움, 실패하는 것을 두려워한다.
6) 부정적인 말, 우울한 성격, 자살기도의 성향이 있으며 남의 탓을 잘 한다.
7) 결단성이 없으며 우유부단하며 자신을 지나치게 낮게 생각한다.
8) 정리할 줄 모르며 생활환경이 무질서하다.
9) 자기방어, 자기폐쇄, 과대망상, 비현실적인 목표추구, 상대방을 깎아 내리는 열등감 현상들이 나타난다.
10) 편집성, 분열성, 히스테리성, 반사회적, 의존성, 강박성 성격장애 들이 나타난다.
11) 중독, 집착, 쾌락, 성도착증 등에 쉽게 빠진다.
12) 심한 거절감으로 인해 고통스러워한다.
13) 자신이 남과 다르다고 느끼며 버림받는 것을 두려워하는 소외감 때문에 다른 사람과 친밀한 관계를 형성하는데 어려움을 느낀다.
14) 남들이 지켜보는 상황에서 어떤 일을 할 때 자신감이 없으며, 지나치게 긴장하고 심한 불안감을 느끼는 사회공포증 또는 대인공포증이 있다.
15) 하나님의 사랑에 대한 체험이 없음으로 인해 신앙이 자라나지 않는다.
16) 하나님을 믿지 않는다.

3 어떻게 치유해야 할 것인가?

전인적 말씀치유를 위한 전제

성경암송을 통한 말씀치유는 전인적 치유를 목표로 하고 있다. 인간의 세 가지 심적(心的) 요소인 지성, 감정, 의지를 균형 있게 갖추어 원만한 인격을 지닌 사람으로 치유하는 것을 의미한다.

성경암송 말씀치유는 디모데후서 3장 17절의 말씀을 목표로 하고 있다. "이는 하나님의 사람으로 온전하게 하며 모든 선한 일을 행할 능력을 갖추게 하려 함이라"는 말씀처럼 하나님의 사람으로 온전하게 하는 것에서 더 나아가 모든 선한 일을 행할 능력을 갖추는 것까지를 목표로 한다. 온전한 사람이 되는 것도 중요하지만 하나님이 사람을 창조하신 목적인 선한 일을 행할 수 있는 능력을 갖추게 하는 것은 더 중요하다.

내재된 하나님의 말씀 vs 악의 동맹

그럼 어떻게 온전한 사람이 되며, 모든 선한 일을 행할 능력을 갖춘 사람이 되게 하기 위한 방법은 무엇인가? 그것은 바로 내재(內在)된 하나님의 말씀의 능력이다. 하나님의 말씀이 내재되기 위해선 먼저 마음속에 하나님의 말씀의 주입이 필요하다. 그것이 바로 성경암송이다.

하나님의 말씀이 내재되면 그 능력의 말씀이 그 사람의 잘못된 것, 약한 것, 부정적인 것, 오염된 것, 악한 것들이 동맹(同盟)을 맺고 하나가 되어 하나님의 말씀과 싸우기 시작한다. 따라서 하나님의 말씀을 지속적으로 주입해야 한다. 내재된 악(惡)의 동맹군들이 워낙 강하기 때문에 승부는 하나님의 말씀의 지속적인 주입여부에 달라진다. 하나님의 말씀이 지속적으로 주입되면 하나님의 말씀이 승리하고, 하나님의 말씀의 주입이 중단되면 악의 동맹들이 사람들의 마음에 있는 죄성(罪性)에 둥지를 틀고 어떻게든 하나님의 말씀을 몰아내려고 한다. 따라서 하나님의 말씀을 지속적으로 주입하여 내재시키는 것이 치유의 비결이다.

현상보다는 원인을 찾으라

전인적 말씀치유란 열등의식, 피해의식, 비교의식, 수치심, 분노, 죄책감, 각종 중독, 원망, 자기 부정, 자기 동정, 우울, 두려움, 슬픔, 미움, 복수심, 정죄, 무가치, 무기력 등의 감정 같은 질병들을 치유하는 것을 목표로 한다.

이러한 전인적 질병들을 치유하는 것은 매우 중요하다. 사람들은 이런 지적, 감정적, 의지적인 문제들로 인해 몸부림치며 고통스러워한다. 이런 문제는 개인에게서 끝나는 것이 아니라 가정으로 확대되며, 교회와 직장, 그리고 사회적인 문제를 야기할 수 있다는 것이다. 이러한 내적 질병을 가진 몇몇 사람들로 인해 개인과 가정이 파괴되고, 그들이 속한 공동체인 교회와 직장 구성원들에게 고통을 안겨주며, 사회질서를 파괴하여 모든 사람들을 피해자로 만들어 버리는 요소가 된다.

그럼 이러한 내적 질병들을 어떻게 치유할 것인가? 많은 내적치유자들이나 전인치유자들은 이러한 문제들의 현상에 집중하는 경향이 있다. 열등의식을 비롯하여 수많은 지적, 감정적, 의지적인 문제들의 현상을 수거하여 그 원인과 사례들을 통해 치유방법을 제시하곤 한다. 사실상 이런 치유법이 내적 질병을 가진 사람들에게 도움이 되는 경우가 많다.

하지만 성경암송 말씀치유는 그 모든 내적 질병의 원인인 죄를 먼저 언급한다. 열등의식, 피해의식, 비교의식, 수치심, 분노, 죄책감, 각종 중독, 원망, 자기 부정, 자기 동정, 우울, 두려움, 슬픔, 미움, 정죄, 무가치, 무기력 등의 감정 같은 질병들의 근원은 죄이기 때문이다. 죄의 문제를 청산하지 않는 한 모든 문제는 일시적인 미봉책에 불과하다. 암이 걸린 사람에게 연고를 처방하는 것과 같은 것이다.

많은 사람들이 내적치유를 체험하고도 다시 원상으로 돌아가는 이유는 근본적인 원인에 대해 무관심하기 때문이다. 드러난 현상에 집중하다보니 근본적인 원인과 해결책에 대해선 무관심해질 수 있다. 또 가장 어렵고 힘든 죄의 문제를 해결하기 어렵기 때문에 이 원인을 간과하는 경우도 적지 않다.

모든 문제의 근원인 18가지의 죄

그럼 내적질병을 유발하는 죄는 무엇인가? 열등의식, 피해의식, 비교의식, 수치심, 분노, 죄책감, 각종 중독, 원망, 자기 부정, 자기 동정, 우울, 두려움, 슬픔, 미움, 정죄, 무가치, 무기력 등의 감정 같은 질병들을 유발시키는 죄는 무엇인가? 우리는 그 죄악을 살펴보아야 한다.

그것은 바로 18가지의 죄이다. 이 죄는 디모데후서 3장 2절부터 5절에 자세히 설명하고 있다. 경건의 능력을 부인하는 죄를 포함하면 총 19가지의 죄이지만 경건의 능력을 부인하는 것은 죄이라고 하기보다는 그 이전의 18가지 죄를 총체적으로 일컫는 죄명이라고 할 수 있다. 즉 18가지의 죄가 바로 수많은 내적 질병을 일으키는 요소가 되는 것이다. 그리고 그 해답은 같은 장인 디모데후서 3장 16절과 17절의 말씀이다.

나는 18가지의 죄를 살펴보려고 한다. 나는 이 18가지의 죄를 「성경암송이 해답이다」(박종신 著/ 성경암송학교 出刊)는 책을 통해 언급하였다. 이 무섭고 은밀한 죄, 나 자신을 파괴하며 더 나아가 가정과 교회, 심지어 사회까지 파멸로 이끌어가는 이 죄들을 청산해야 한다. 그렇지 않으면 우리는 계속되는 내적 질병에서 치유를 받을 수 없을 뿐만 아니라 죄에 사로잡히는 인생으로 전락하게 될 것이다.

우리는 18가지의 죄 앞에 직면해야 한다. 그래야만 우리는 이 죄를 극복하기 위한 몸부림을 시작할 수 있을 것이다. 과연 나는 18가지의 죄 중에 몇 가지의 죄에 시달리고 있으며, 그 중 나를 가장 괴롭히는 상습적인 죄가 무엇인지를 알아야 한다.

내적치유자들과 전인치유자들의 거짓말

내적치유자들이나 전인치유자들은 내적 질병들이 죄와는 아무런 상관이 없다는 주장을 한다. 그리고 내적 질병에 시달리는 사람들에게 호언장담한다. "당신의 열등의식은 극복될 것입니다", "다른 사람과 같이 되려하지 말고 당신 자신이 되십시오!, "당신을 용서하십시오", "당신을 사랑하십시오", "기도로 극복하십시오" 등등 수많은 위로의 메시지를 전한다. 물론 그런 말들이 순간적인 위로는 될 수 있으나 결코 내적치유는 일어나지 않는다.

앞에서도 언급한 바와 같이 18가지의 죄를 해결하지 않는 한 그런 메시지는 무용지물이다. 카를 융의 지적과도 같이 하나님과의 거리가 멀어지면 어떠한 처방으로도 치유는 일어나지 않는다. 우리는 거짓 선지자들의 말을 분별해야 한다.

> 이는 그들이 가장 작은 자로부터 큰 자까지 다 탐욕을 부리며 선지자로부터 제사장까지 다 거짓을 행함이라 그들이 내 백성의 상처를 가볍게 여기면서 말하기를 평강하다 평강하다 하나 평강이 없도다 그들이 가증한 일을 행할 때에 부끄러워하였느냐 아니라 조금도 부끄러워 하지 않을 뿐 아니라 얼굴도 붉어지지 않았느니라 그러므로 그들이 엎드러지는 자와 함께 엎드러질 것이라 내가 그들을 벌하리니 그 때에 그들이 거꾸러지리라 여호와의 말씀이니라 여호와께서 이와 같이 말씀하시되 너희는 길에 서서 보며 옛적 길 곧 선한 길이 어디인지 알아보고 그리로 가라 너희 심령이 평강을 얻으리라 하나 그들의 대답이 우리는 그리로 가지 않겠노라 하였으며 (렘 6:13-16)

선지자와 제사장까지 다 거짓말로 평강하다는 것이다. 사람들의 상처를 가볍게 여기면서 '평강하다 평강하다'라고 말을 쉽게 한다는 것이다. 그런 일을 쉽게 할 뿐만 아니라 부끄럽게 생각하지도 않는다.

결국 그들(선지자, 제사장)의 가장 큰 문제는 하나님의 말씀을 무시한다는 것이다. 하나님께서 말씀하시기를 "너희는 길에 서서 보며 옛적 길 곧 선한 길이 어디인가 알아보고 그리로 가라 너희 심령이 평강을 얻으리라"고 말씀하신다. 진정한 평강은 바로 하나님이 오래 전부터 말씀하셨던 선한 길이 어디인지 알아보고 그리로 가는 것이다. 곧 하나님의 말씀을 통해 선한 길을 찾아보라는 것이다. 그러나 그들은 하나님의 말씀을 무시하고 그 길을 가지 않겠노라고 선언까지 한다는 것이다. 즉 하나님의 말씀에서 해법을 찾지 않고 인본적인 방법으로 해법을 찾겠노라고 공언까지 한다는 것이다.

타락한 이론 심리이설

이러한 타락의 현상은 내적치유에도 그대로 나타나고 있다. '기독교 상담' '내적치유' 또는 '전인적 치유'라는 이름으로 상담하고 교육하는 곳 어디에도 하나님의 말씀으로 내적 질병의 원인을 찾고 대안을 제시하는 곳을 찾기란 그리 쉽지 않다. 이는 성경이 미리 경계하신 말씀 그대로이다.

> 때가 이르리니 사람이 바른 교훈을 받지 아니하며 귀가 가려워서 자기의 사욕을 따를 스승을 많이 두고 또 그 귀를 진리에서 돌이켜 허탄한 이야기를 따르리라 (딤후 4:3-4)

> 누가 철학과 헛된 속임수로 너희를 사로잡을까 주의하라 이것은 사람의 전통과 세상의 초등학문을 따름이요 그리스도를 따름이 아니니라 (골 2:8)

이것이 교회에 들어온 심리이설이다. 심리이설이란 성경과 기도만으로는 우리의 삶의 문제를 치료하기가 어려우니 명상이나, 심리치료, 또는 한의학의 기법으로 성경을 보충해야 한다는 비성경적인 주장을 말한다. 즉 세상의 심리적상담의 이론과 성경적상담의 이론을 통합해서 삶의 문제를 다루어야 한다는 인간의 방법이다.

또 심리이설은 이런 통합된 방법으로 목회자가 설교를 하거나 교회에서 가르치는 모든 것을 말하며, 그로 인해 교인들의 신앙생활이 영향을 받아 인간의 본질이나 신앙의 생활방식이나 성화된 생활을 저하시킴으로 성경적인 신앙을 잃게 하는 것을 포함한다.

또 믿음이라는 말을 사용할 때도 세상적인 다른 짝을 붙여 '기독교 심리학', '믿음과 심리학', 또는 '믿음과 새 시대'(New age)라고 하면서 세상과 짝하는 경우를 많이 본다. 이는 하나님과 하나님의 말씀만으로는 부족하다는 것을 시사한다. 이것이 바로 심리이설이다. 이것은 바로 예수 그리스도를 따르지 않고 세상의 초등학문을 따르는 것임을 알아야 한다.

내적치유자들과 전인치유자들의 주장

내적치유자들과 전인치유자들은 한결같이 내적 질병의 원인이 '죄'가 아닌 '상처'라고 주장한다. 내적치유의 주된 문제점은 상처이지 죄가 아니라는 것이다. 죄는 상처에 대한 하나의 반응이라는 것이다. 우리는 죄악이 관영하고 비합리적이고 불완전한 세상에서 살기 때문에 모든 사람은 성년이 될 때 이미 성격의 일부가 손상돼 있다는 것이다. 그래서 우리의 깊은 상처를 치유하시는 예수님의 손이 우리의 무의식 속에 있는 상처를 만져주어야 한다는 것이다.

내적치유자들의 말은 결국 죄의 뿌리가 상처라는 것이다. 또 죄의 저변에는 꼭 상처가 있다는 것이다. 이것이 내적치유자들의 신학이요 논리이다. 이것은 마치 '악을 행하는 것은 사람들이 우리에게 먼저 악을 행했기 때문'이라는 주장이다.

어떻게 보면 이러한 주장이 맞는 말처럼 들린다. 그러나 여기에 심리이설의 교활함과 미혹이 숨어있는 것을 알아야 한다. 왜냐하면, 이런 말들은 표면적으로는 틀린 것이 없고 전적으로 사실인 것 같이 들리지만 바로 여기에 신학적인 오류가 있다.

트리니티 신학교의 게리 콜린스 교수는 "내적 질병은 여러 가지 원인으로부터 오나 신체적 역기능 이상의 것을 포함하며 의사뿐만 아니라 비의료적인 상담자 모두에게 관계되는 심리적이고 영적인 문제"라고 말한다.

성경적 관점에서 보면 내적 질병은 하나님의 뜻에 불순종한 결과 또는 하나님의 뜻에 대항하는 사탄 행위의 결과로 설명된다.(단 4:30-33; 눅 13:16; 행 12:21-23; 신 28:15-21). 즉 죄의 결과로 세상에 질병과 죽음이 왔다.(롬 5:12; 6:23; 고전 15:22; 겔 18:4).

내적질병의 성경적 원인

그럼 하나님이 말씀하신 모든 내적 질병들의 구체적 원인들은 무엇인가? 질병이란 평안이 결여된 상태, 온전성을 잃은 부조화의 상태이다. 따라서 내적 질병의 개념은 전인과 전환경의 통전적 차원에서 이해해야 함을 전제로 한다.

구약에서 질병을 표현하는 용어는 히브리어의 holi(병)와 hala(약하다)에서 유래되어 '병든', '아픈'의 의미를 지니고 있다. 신약시대에는 병들어 힘이 없는 상태(astheneo : 마 10:8; 약 5:14), 피곤에 지친 상태(kamo : 히 12:3; 약 5:15), 쇠약한 것이나 질병(malakia : 마 4:23; 9:35), 나쁜 병이나 악령을 가지고 있는 상태(kakos : 마 4:24; 8:16; 막 1:32)를 나타낸다.

우리는 로마서 3장과 8장 22-23절에 의해 질병의 개념을 이해할 수 있다. 즉, 질병의 포괄적인 개념은 "신체적, 영적, 정신적 및 사회적 질서가 정상 상태로부터 이탈된 상태, 즉 자아와 인간과 환경과 하나님(God)과의 부조화(disharmony)를 이룬 상태"라고 규정할 수 있는 것이다. 카를 융의 이론과 상당부분 일치하는 내용이다.

건강함(health), 온전함(wholeness), 거룩함(holiness)은 모두 온전함(completion)이라는 뜻의 고어 'hal'에서 유래된 것인데, 질병은 하나님과 자신과 이웃과 자연과의 균형과 조화가 깨져 온전하지 못하거나 원활하지 못한 상태를 말한다. 또한 조직체의 규칙적인 반응에 의해 연합된 사물들의 집합 안에서 어떤 것이 고장 난 상태 또는 조직체의 '부적응' 및 '부조화' 상태가 질병, 또는 내적 질병이라고 할 수 있다.

모든 질병은 하나님과의 거리에서 온다

결국 질병이란 카를 융의 말처럼 하나님의 법을 어겨 하나님의 지배를 벗어난 전인적인 인간과 그를 둘러싼 모든 관계의 단절이다. 즉 모든 질병이 하나님과의 거리에서 오는 것이다. 그 결과 하나님과 자기 자신과 이웃과 사회, 정치, 경제, 자연 환경과의 부조화로 온전하지 못한, 그래서 구속적 치유와 성장을 기다리는 상태라고 할 수 있다. 넓은 의미에서 어떤 형태든지 마음과 영혼에 평안함이 없거나 행복하지 못해 기쁨과 감사와 감격이 사라진 것 자체가 내적 질병의 현상이라고 할 수 있다.

과연 그렇다면, 열등의식, 피해의식, 비교의식, 수치심, 분노, 죄책감, 각종 중독, 원망, 자기 부정, 자기 동정, 우울, 두려움, 복수심, 슬픔, 미움, 정죄, 무가치, 무기력 등의 감정 같은 질병들을 유발시키는 죄악의 원인은 무엇인가? 그 해답은 바로 디모데후서 3장 2절부터 5절에 나타난 18가지 죄에서 비롯된다. 이 18가지의 죄가 모든 내적 질병의 원인이라는 사실을 알 수 있다.

> 사람들이 자기를 사랑하며 돈을 사랑하며 자랑하며 교만하며 비방하며 부모를 거역하며 감사하지 아니하며 거룩하지 아니하며 무정하며 원통함을 풀지 아니하며 모함하며 절제하지 못하며 사나우며 선한 것을 좋아하지 아니하며 배신하며 조급하며 자만하며 쾌락을 사랑하기를 하나님 사랑하는 것보다 더하며 경건의 모양은 있으나 경건의 능력은 부인하니 이같은 자들에게서 네가 돌아서라 (딤후 3:2-5)

1) 자기를 사랑하는 죄
2) 돈을 사랑하는 죄
3) 자랑하는 죄
4) 교만한 죄
5) 비방하는 죄
6) 부모를 거역하는 죄
7) 감사하지 않는 죄
8) 거룩하지 않은 죄
9) 무정한 죄
10) 원통함을 풀지 않는 죄
11) 모함하는 죄
12) 절제하지 않는 죄
13) 사나운 죄
14) 선한 것을 좋아하지 않는 죄
15) 배신하는 죄
16) 조급한 죄
17) 자만한 죄
18) 쾌락을 사랑하는 죄

당신은 과연 여기서 몇 가지의 죄에 해당되고 있는가? 당신이 상습적으로 저지르는 죄는 무엇인가? 너무나 끈적끈적해서 결코 떨어지지 않는 죄는 무엇인가? 누구도 이 죄에서 자유로울 사람은 없을 것이다. 이 죄들은 우리를 영적으로 병들게 하며 내적 질병에 빠뜨리게 한다는 것이다.

영적인 질병 18가지 죄의 특성

우리는 이 죄를 청산하기 위해 노력해야 한다. 이 죄들은 영적인 질병이며 내적 질병의 원인이다. 이 18가지의 죄는 성품에 영향을 미치고, 왜곡된 성격을 형성하며, 내적 질병의 원인이 되고, 성령의 열매를 맺는데 악영향을 미친다. 이 죄들의 특징은 매우 끈적끈적하며 쉽사리 떨어지거나 씻어지는 죄가 아니다.

동시에 이 죄들은 은밀한 특정을 가지고 있다. 겉으로는 얼마든지 은폐가 가능한 죄로 사람의 눈을 속이는데 유리한 죄들이다. 그리스도인이라고 하는 사람들 중에는 18가지의 죄를 가지고 있음에도 교묘하게 은폐하면서 경건한 사람처럼 행동하는 사람이 많다. 그래서 사도바울은 이 죄에 대해 경건의 모양은 있다고 표현하기도 했다.

우리는 그리스도인의 18가지의 죄를 직시해야 한다. 아무도 이 죄들에게서 자유로울 사람은 없다. 18가지의 죄를 직시하는 것은 부끄럽고 치욕스러우며 얼굴이 화끈거리게 한다. 그럼에도 이 죄를 직시해야 하는 것은 이 죄들을 청산하기 위함이다. 이 죄를 청산하지 않는 한 우리는 영적으로 병들게 되며 내적 질병에 빠져 허덕이게 될 것이다.

말씀치유를 받아야 할 수많은 내적 질병의 근원은 바로 18가지 죄이다. 물론 더 많고 더 다양한 죄가 있지만 그리스도인들이 교회 내에서 저지르기 쉬운 죄들이 바로 이 범주 안에 있다. 우리는 이 죄들을 직시하고 진정으로 회개하고 하나님의 말씀으로 청산해야 한다.

말씀치유를 위해 인정해야 할 사실들

1) 하나님과의 교제, 기쁨, 행복감을 방해하는 것이 영혼의 질병임을 인정한다.
2) 우리 속에 무엇이 들어있는지 솔직하게 직면하고 인정한다.
3) 외면적으로 꾸미는 영적가면이 있음을 인정한다.
4) 선행 뒤에 숨어있는 이기적인 동기를 정직하게 인정한다.

5) 용서하지 못한 것이 있음을 인정한다.
6) 회개하지 못한 은밀한 죄가 있음을 인정한다.
7) 마음속에 도사리고 있는 미움(수동적, 공격적)을 인정한다.
8) 치유 받지 못한 상한 감정과 과거의 상처가 있음을 인정한다.
9) 상대방에 대한 나의 분노의 감정을 인정한다.
10) 영혼의 질병은 고통 없이 수술할 수 없음을 인정한다.

말씀치유를 위해 결단하라

그럼 우리는 이 18가지의 상습적인 죄를 청산할 수 있을까? 우리는 2부에서 제공하는 135절의 말씀에 유념해야 할 것이다. 먼저 우리는 성부, 성자 성령 하나님이 치유하길 기뻐하시는 하나님이심을 알아야 한다. 그 근거를 성경에서 발견해야 한다. 그런 다음 우리는 치유를 위해 결단해야 할 말씀 앞에 자신의 죄를 내려놓아야 한다. 그리고 회개해야 한다. 용서해야 한다. 성경적 원리에 복종해야 한다. 말씀치유에서 가장 중요한 것은 말씀 앞에 결단하는 것이다.

데이빗 A. 씨맨즈는 내적치유의 고전이라고 할 수 있는 그의 저서 「상한 감정의 치유」에서 상한 감정을 치유하는 6단계 원리가 있다고 했다. 이 원리는 성경적 원리이며 손상된 감정을 치료받기 위한 사람이라면 누구나 따라야 할 원리라고 했다. 그 내용을 보면 다음과 같다.

1) 문제를 똑바로 직시하라
2) 어떤 문제든지 자신에게 책임이 있음을 인정하라
3) 고침을 받기 원하는지 자신에게 스스로 물어 보라
4) 문제와 관련되어 있는 모든 사람들을 용서하라

5) 자기 자신을 용서하라
6) 문제의 핵심이 무엇인지 또한 그것을 위해서 어떻게 기도해야 할지를 성령님께 구하라

성경이 무엇을 말하는가?

나는 씨맨즈의 원리가 도움이 된다고 생각하고 있다. 성경적인 동시에 근본적인 원리임을 인정한다. 그러나 더 나아가 이것을 성경적으로 적용하고 결단하는 것이 중요하다고 믿고 있다. 아는 것만으로는 치유를 경험할 수 없다. 성경이 언급하는 죄는 무엇이며, 인정해야 할 사실들은 무엇이며, 상한 감정을 치유하기 위한 6단계의 원리를 성경적으로 풀어나가려고 한다. 이런 내적인 질병 앞에서 성경은 무엇을 말하는가? 18가지의 죄와 어떤 연관이 있는가? 또 성경의 해법은 무엇인가?

4 성경암송과 하브루타를 통한 말씀치유

성경암송 말씀치유의 네 단계

우리는 네 단계를 걸쳐 성경암송 말씀치유를 시행하고자 한다. 바로 '교훈'(Doctrine), '책망'(Reproof), '바르게 함'(Correction), '의로 교육'(Instruction in righteousness)이다. 사람들에게서 나타나는 각종 문제들을 네 단계를 걸쳐 하나님의 말씀을 제시하고 암송하게 하려고 한다.

그럼 우리는 여기서 중요한 질문 하나를 만날 수 있다. '왜 성경을 암송해야 하는가?' 하는 것이다. 성경을 암송하지 않는다고 하더라도 얼마든지 하나님의 말씀을 적용하고 그 말씀대로 치유해 가면 될 것이 아니냐고 질문할 수 있다. 치유의 문제 자체가 어려운데 성경암송까지 해야 하는 것이 부담스러울 수도 있다는 주장도 있다.

이런 질문들에 대해 나는 성경암송 말씀치유의 원리를 소개하려고 한다. 성경암송 말씀치유만이 진정한 치유라는 이유는 다음과 같다.

성경암송과 말씀치유의 상관관계

첫째로 성경암송이 질병을 치유하는 능력이 있기 때문이다.

나는 성경암송사역을 통해, 성경암송에 질병을 치유하는 능력이 있다는 사실을 발견했다. 처음부터 질병의 치유를 목적으로 성경암송을 했던 것이 아니었다. 그러나 성경암송을 하는 사람들에게서 질병에서 치유를 얻었다는 간증을 접하기 시작한 것이다. 처음에는 믿을 수 없었다. 성경암송과 치유가 무슨 상관관계가 있겠냐고 생각했던 것이 사실이었다.

그런데 많은 사람들로부터 치유에 대한 간증이 흘러나오면서 나는 성경암송과 치유에 대해 관심을 기울이기 시작했다. 성경암송을 하는 분들의 간증 중에 치유의 간증이 가장 많았다. 나는 이 문제를 놓고 하나님께 기도했다. 성경암송과 치유에 대한 문제를 놓고 하나님의 뜻을 구했다.

그러던 어느 날, 하나님께서 이 말씀의 의미를 설명해 주셨다. 하나님은 내가 기도했던 내용들을 말씀으로 설명해 주셨다. 앞에서도 언급했던 말라기 4장 2절의 말씀이었다.

> 내 이름을 경외하는 너희에게는 공의로운 해가 떠올라서 치료하는 광선을 비추리니 너희가 나가서 외양간에서 나온 송아지 같이 뛰리라 (말 4:2)

여기서 '하나님을 경외한다'는 말씀의 뜻이 무엇인지 궁금했다. 나는 하나님께 이 말씀의 뜻을 알려달라고 기도했다. 그때 하나님이 주신 말씀이 바로 이어지는 4절의 말씀이었다.

> 너희는 내가 호렙에서 온 이스라엘을 위하여 내 종 모세에게 명령한 법 곧 율례와 법도를 기억하라 (말 4:4)

하나님을 경외한다는 것의 의미

그것은 바로 하나님의 말씀이었다. 하나님은 호렙산에서 하나님의 말씀을 내리신 것이다. 많은 사람들이 모세가 율법을 받은 곳이 시내산이라고 알고 있는데 사실 시내산과 호렙산은 같은 산이며 다른 이름으로 불리곤 한다.

하나님은 호렙산에서 모세에게 하나님의 율례와 법도를 내리셨다. 바로 하나님의 말씀을 내리신 것이다. 즉, 말라기 4장 2절의 '내 이름을 경외하는'이라는 말씀의 의미는 하나님의 말씀을 기억하는 것임을 알게 해주셨다. 하나님을 경외하는 것이란 곧 하나님의 말씀을 기억하는 것이라는 사실이다.

나는 하나님의 말씀을 기억하는 행위를 '암송'이라고 한다. 이 말씀에는 다른 해석이 필요하지 않다. 결국 암송은 하나님의 이름을 경외하는 것이며 하나님의 말씀을 암송할 때 치유의 역사가 나타나는 것은 분명한 사실이다.

둘째로 성경암송은 하나님의 말씀을 마음에 채우기 위한 것이기 때문이다.

잘못된 성경암송은 암송을 위한 암송이다. 자신을 과시하기 위해 암송하는 율법적인 암송주의자들이 있다. 쉐마교육이라는 미명 아래 자녀들을 영재로 키우기 위해 암송을 강요하는 부모들도 있다.

말씀을 암송하는 것은 영재를 만들기 위한 것이 아니다. 하나님의 말씀을 암송하는 것은 좋은 것이지만 암송의 동기는 더욱 중요하다. 암송은 어떤 유익을 위한 것이 아닌 하나님의 말씀을 마음에 새기는 거룩한 동기에서 비롯되어야 한다. 성경암송을 통한 여러 가지 유익들은 부수적인 효과일 뿐이다.

마음 밭을 말씀으로 채우라

암송은 하나님의 말씀을 내 마음에 채우는 행위이다. 하나님의 말씀을 마음에 채우지 않으면 마귀는 즉시로 세상의 것들로 우리의 마음을 채워 버린다. 욕심이 독버섯처럼 돋아나기 시작한다. 한번 돋아난 독버섯은 걷잡을 수 없을 속도로 퍼져나간다. 영적 독버섯인 교만이 한 번 자라나면 걷잡을 수 없다. 죄에 대한 유혹이 점점 강해진다. 결국 마음은 온통 잡초로 가득하게 될 것이다.

하나님의 말씀을 마음에 채우는 것이 바로 성경암송이다. 하나님의 말씀이 마음에 채워질 때 치유의 역사가 일어난다. 오염된 마음에 하나님의 말씀이 흘러 들어가야 한다. 하나님의 말씀이 마음 즉 내적인 상처들로 흘러들어갈 때 죄성이 씻어지고, 치유가 일어나고, 어두움이 떠나가는 역사가 일어난다. 하나님은 치유하시는 하나님이기 때문이다.

셋째로 고착화되고 습관화된 질병을 일회성으로 치유할 수 없기 때문이다.

죄는 끈적끈적하다. 죄는 시간이 지날수록 농도가 진해지고 더욱 끈적거린다. 마치 파리끈끈이처럼 끈적끈적하여 한 번 붙으면 쉽게 떨어지지 않는 끈질긴 특성이 있다. 죄를 지으면 지을수록 죄의 농도는 더 진해지고 쉽게 떨어지지 않는 강력한 힘을 갖고 있다. 죄를 지어본 사람들은 누구나 아는 사실이다.

이렇게 끈적끈적한 죄를 단 한 번의 회개로 해결할 수 없다. 눈물로 통회하고 자복한다고 해서 죄가 사라지는 것이 아니다. 죄는 후회와 자책으로도 해결할 수 없다. 닦고 또 닦아도 쉽게 사라지지 않는다. 깨끗하게 씻었다고 자부하는 순간 어디선가 죄는 다시 꿈틀거리면서 끈적거린다.

죄를 이길 수 있는 사람은 없다. 아브라함도, 다윗도 죄 앞에서 무너지고 말았다. 죄가 무서운 것은 죄는 더 큰 죄를 낳기 때문이다. 하나님의 마음에 합한 사람이라고 했던 다윗도 죄의 문제로 고심하고 또 고심했던 흔적들을 찾아볼 수 있다.

> 무릇 나는 내 죄과를 아오니 내 죄가 항상 내 앞에 있나이다 (시편 51:3).

이렇게 강력한 죄를 다스리는 방법은 오직 하나님의 말씀이다. 하나님의 말씀만이 죄를 이기고 극복할 수 있는 능력이 된다. 하나님의 말씀으로 삼갈 때 우리는 죄악을 이기며 죄를 극복할 힘을 얻게 된다. 시편기자는 말하기를 죄를 극복하는 방법은 하나님의 말씀을 마음에 둘 때만 가능하다고 고백했다.

> 내가 주께 범죄하지 아니하려 하여 주의 말씀을 내 마음에 두었나이다
> (시편 119:11).

유일한 방법은 하나님의 말씀이다. 그러나 하나님의 말씀을 한두 번 읽고 기도한다고 해서 죄를 이길 수 없다. 죄를 이기는 방법은 하나님의 말씀을 마음에 두는 것뿐이다. 마음에 새겨야 한다. '새긴다'는 날카로운 끌이나 정(釘)을 반복하여 때리고 파서 흔적을 남기는 것이다. 그것이 바로 성경암송이다. 암송은 암기되어 머리에 저장된 하나님의 말씀을 마음으로 끌어내리는 하나님의 방법이다. 그때 비로소 우리는 죄를 극복할 수 있는 힘을 얻게 될 것이다.

마음속에 죄가 있을 때 내적 질병들이 발생하게 된다. 집안에 음식물 쓰레기가 남아 있으면 썩은 냄새가 진동하고 곰팡이가 피어나듯이, 죄는 우

리 마음에 상처, 분노, 비난, 교만, 탐심, 음란, 질투, 자랑 같은 잡초들을 자라게 한다. 이 세상 누구도 자신의 마음이 잡초로 더럽혀지길 원하는 사람은 없다. 그러나 잡초가 자라 우거지게 되면 그때는 제어하기가 불가능하다. 잡초들은 우리를 사망의 몸으로 이끌어가다가 결국 우리를 파멸로 이끈다. 죄는 이렇게 무서운 것이다. 이러한 죄를 이길 수 있는 방법이 무엇일까? 그것은 내재(內在)된 하나님의 말씀뿐이다.

성경암송은 하나님을 인정하는 최고의 행위이다

내재(內在)된 하나님의 말씀을 성경암송이라고 정의할 수 있다. 우리의 내면에 하나님의 말씀을 주입하는 것이 곧 성경암송이다. 따라서 성경암송을 단순히 성경암송대회에 출전하기 위한 프로그램으로 이해해선 안 된다. 또 성경암송을 통해 세계 최고의 두뇌가 된다는 영재교육을 위한 것도 아니다. 성경암송은 하나님을 인정하는 최고의 행위이며 그분의 말씀이 살아서 역사한다는 사실을 공개적으로 시인하는 행위이다.

첫째로, 성경암송은 하나님의 존재하심을 인정하는 최고의 행위이다.

성경암송은 하나님께서 말씀하신 것 이전에 그 말씀을 하신 하나님이 존재한다는 것을 인정하는 것이다. 따라서 성경암송을 한다는 것은 곧 하나님을 인정한다는 것이다. 잠언 3장 6절에 "너는 범사에 그를 인정하라 그리하면 네 길을 지도하시리라"고 말씀하신다.

그러나 대다수의 그리스도인들은 성경암송에 관심을 기울이지 않는다. 성경암송을 고리타분한 구세대의 유물 정도로 여긴다. 단순히 성경암송이 어렵기 때문이 아니다. 성경암송에 큰 의미를 두지 않기 때문이다. 즉 성경암송을 하지 않는다는 것은 하나님의 존재를 인정하는 마음이 없기 때문이다. 만약 하나님의 존재하심을 인정한다면 성경암송은 그 사람에게 가장 중요한 행위가 될 것이다.

둘째로, 성경암송은 하나님의 말씀을 인정하는 최고의 행위이다.

하나님은 말씀으로 천지(天地)와 우주를 창조하셨다. 예수님은 말씀으로 파도와 풍랑을 잠잠하게 하셨다. 따라서 하나님의 말씀의 능력을 인정하는 사람이라면 성경암송을 귀하게 여길 것이다. 성경암송은 그 분의 말씀을 마음에 새기는 것이기 때문이다. '마음에 새긴다.는 것은 하나님의 말씀이 그 삶에 가장 우선순위가 된다는 것을 의미한다. 시편 1편 2절에서 "오직 여호와의 율법을 즐거워하여 그의 율법을 주야로 묵상하는도다"고 말씀하신다.

사람들은 자신이 인정하지 않는 것에 대해선 무관심하다. 관심이 없는 것에 마음은커녕 눈도 돌리지 않는다. 이러한 점으로 유추해볼 때 성경암송에 무관심하다는 것은 하나님의 말씀에 무관심하다는 것이다. 즉 하나님과 상관이 없다는 것을 스스로 증명하는 것이다. 예수님은 말씀하셨다.

하나님께 속한 자는 하나님의 말씀을 듣나니 너희가 듣지 아니함은 하나님께 속하지 아니하였음이로다 (요 8:47)

셋째로, 성경암송은 하나님의 말씀의 성취를 믿는 최고의 행위이다.

하나님은 시위대 뜰에 갇혀 있는 예레미야에게 이렇게 말씀하셨다. "일을 행하시는 여호와, 그것을 만들며 성취하시는 여호와, 그의 이름을 여호와라 하는 이가 이와 같이 이르시도다 너는 내게 부르짖으라 내가 네게 응답하겠고 네가 알지 못하는 크고 은밀한 일을 네게 보이리라"(렘

33:2-3) 하나님의 말씀은 공수표가 아니다. 하나님의 말씀은 반드시 성취된다는 사실이다.

성경암송을 하는 것은 곧 하나님의 말씀이 반드시 이루어진다는 믿음을 전제로 한다. 하나님의 말씀이 성취될 것에 대한 믿음이 없다면 굳이 암송할 이유는 없을 것이다. 베드로는 하나님의 말씀을 강조하면서 구약의 말씀을 인용해 이렇게 선포했다.

> 그러므로 모든 육체는 풀과 같고 그 모든 영광은 풀의 꽃과 같으니 풀은 마르고 꽃은 떨어지되 오직 주의 말씀은 세세토록 있도다 하였으니 너희에게 전한 복음이 곧 이 말씀이니라(벧전 1:24-25)

하나님의 약속은 영원하며 반드시 성취하신다. 치유하신다고 하신 하나님은 반드시 치유하신다. 구원하신다고 하신 하나님은 약속의 성취를 위해 예수 그리스도를 세상에 보내시고 십자가에 죽게 하심으로 구원의 말씀을 성취하셨다. 하나님은 말씀을 반드시 성취하는 분이시다. 예수님은 선포하신다. "진실로 너희에게 이르노니 천지가 없어지기 전에는 율법의 일점일획도 결코 없어지지 아니하고 다 이루리라"(마 5:18)

넷째로, 성경암송은 하나님의 말씀에 복종하겠다는 최고의 결단이다.

하나님의 말씀의 성취는 하나님께 있다. 그러나 하나님의 말씀에 순종하고 복종하겠다는 결단은 사람에게 있어야 한다. 성경암송은 단순한 것이 아니다. 성경암송은 단순히 하나님의 말씀을 암기한다는 것의 의미가 아니다. 성경암송은 하나님을 인정하는 행위이며, 하나님의 말씀을 인정하는 행위인 동시에 하나님의 말씀이 반드시 이루어진다는 것을 믿는 것이다.

그러나 더 중요한 사실은 하나님의 말씀에 복종하겠다는 결단이다. 암송을 위한 암송이 되어선 안 된다. 과시를 위한 암송이 되어선 안 된다. 하나님의 말씀을 암송한다는 것은 그 말씀을 듣고 지키겠다는 결단이다. 따라서 성경암송의 완성은 그 말씀에 대한 복종이다. 예수님은 말씀하신다.

> 그러므로 누구든지 나의 이 말을 듣고 행하는 자는 그 집을 반석 위에 지은 지혜로운 사람 같으리니, 나의 이 말을 듣고 행하지 아니하는 자는 그 집을 모래 위에 지은 어리석은 사람 같으리니"(마 7:24,26)

하나님은 신명기 28장 1절을 통해 말씀하신다.

네가 네 하나님 여호와의 말씀을 삼가 듣고 내가 오늘 네게 명령하는 그의 모든 명령을 지켜 행하면 네 하나님 여호와께서 너를 세계 모든 민족 위에 뛰어나게 하실 것이라 (신 28:1)

교회 안의 불신자들의 철학

결단이 없는 것은 신앙생활이 아니다. 다만 자기 취미생활일 뿐이다. 그들에게 교회는 사교단체일 뿐이다. 그리스도인들이 여러 기독교TV 채널을 통해 하나님의 말씀을 듣지만 복종하지 않는 것은 불신앙이다. 하나님의 말씀의 가치는 듣는데 있는 것이 아니라 복종하는데 있다. 어차피 듣고 복종하지 않는 것이나 듣지 않고 불순종하는 것은 동일한 것이다.

이렇듯 많은 그리스도인들이 하나님의 말씀과 무관한 삶을 살아간다. 하나님의 말씀에 대한 경외심도 없고, 헌신도 없고, 결단해야 할 이유를 느끼지 않는다. 설교하는 사람이나 설교를 듣는 사람이나 하나님의 말씀에 복종을 결단하지 않으면 그들은 불신자인 것이다. 그런 사람이 바로 교회 안의 불신자이다. 결국 하나님을 인정하지 않고, 하나님의 말씀도 인정하지 않기 때문이다. 그러면서도 자신은 하나님을 믿는다고 착각한다. 이것이 바로 교회 안의 불신자의 인지적 오류이다. 교회 안이든 교회 밖이든 불신자들이 하나님의 말씀을 암송할 이유는 없다.

치유의 말씀을 선포하라

성경암송의 의미는 결코 단순하지 않다. 성경암송에는 여러 가지의 뜻이 함축되어 있다. 성경암송은 하나님의 존재하심을 인정하는 것이고, 하나님 말씀을 인정하는 행위이며, 하나님의 말씀이 반드시 성취된다는 사실을 믿는 행위이고, 더 나아가 하나님의 말씀 앞에 절대적인 복종을 하겠다는 결단이다.

따라서 신앙생활에서 성경암송이 차선이 될 수 없다. 언제나 최선이며 최고이기 때문이다. 기독교에서 하나님의 말씀은 절대적이다. 유대인들이 하나님의 말씀을 암송하는 것을 생명처럼 여기는 것은 그들의 문화가 아니다. 하나님의 명령에 순종하는 것이다. 유대인들에게 성경암송이 절대적이라고 한다면, 한국교회도 성경암송이 절대적이 되어야 한다. 따라서 교회를 다니지만 성경암송을 하지 않는 사람은 교회 안의 불신자인 것이다.

또 성경암송을 했다면 하브루타도 함께 해야 한다. 하브루타를 하기 위해 그 말씀의 전후 배경의 말씀을 찾아 읽어야 한다. 그래야만 성경전체를 볼 수 있는 눈이 생긴다. 성경암송을 하면서 성경통독을 해야 하고, 성경통독을 하면서 하브루타를 해야 한다. 그것이 바로 복음적인 쉐마인 것이다.

135절을 온전히 내 말씀으로 받아들이라

말씀치유에서 성경암송의 원리는 동일하게 적용된다. 성경암송을 통해 말씀치유를 성취하는 것은 결코 호언장담이 아니다. 우리는 말씀치유를 위해 허락하신 135절의 말씀을 암송해서 내 말씀으로 받아들여야 한다. 135절의 말씀치유 말씀을 암송한다는 것은 하나님이 존재하심을 인정하는 최고의 행위이며, 135절의 말씀이 하나님의 말씀이라는 사실을 인정하는 것이며, 그 135절의 말씀이 반드시 성취될 것을 믿는 것이다. 동시에 우리가 마땅히 감당해야 할 하나님의 명령 앞에 절대적으로 복종하겠다는 결단을 하는 것이 말씀치유의 원리라고 할 수 있다. 이 복음 외에 누구라도 다른 복음을 전한다면 우리는 분명 경계해야 할 것이다.

> 다른 복음은 없나니 다만 어떤 사람들이 너희를 교란하여 그리스도의 복음을 변하게 하려 함이라 그러나 우리나 혹은 하늘로부터 온 천사라도 우리가 너희에게 전한 복음 외에 다른 복음을 전하면 저주를 받을지어다 우리가 전에 말하였거니와 내가 지금 다시 말하노니 만일 누구든지 너희가 받은 것 외에 다른 복음을 전하면 저주를 받을지어다(갈 1:7-9)

하나님의 말씀을 암송하는 선포법

지금까지 성경암송의 이유를 설명했다. 그럼 어떻게 암송할 것인가? 나는 성경암송법으로 네 가지를 소개하고 있다. 첫째로 리듬암송법, 둘째로 반복적 분습법, 셋째로 테필린선포법, 넷째로 텐텐텐(10,10,10) 암송법이다.

먼저 리듬암송법[1]이란 말 그대로 리듬에 맞춰 암송하는 것이다. 이 방법은 매우 흥미롭고 오래 기억되는 탁월한 암송법이다.

반복적 분습법이란 전통적인 암송의 방법으로 의미별로 말씀을 끊어 반복하는 암송법이다. 의미별로 말씀을 끊어 반복하여 암기한 후 연결하는 방식이다.

그리고 테필린 선포법이란 주어진 말씀을 입으로 선포하는 것이다. 테필린 선포법이란 명칭은 테필린의 첫 번째 말씀 출애굽기 13장 9절에서 "이것으로 네 손의 기호와 네 미간의 표를 삼고 여호와의 율법이 네 입에 있게 하라"는 말씀에 기인하는 것이다. 즉 테필린 선포법은 암기하는 대신 주어진 말씀을 집중하여 선포하는 것이다. 테필린 선포법은 디다케(Diatheke: 언약의 말씀)를 케리그마(Kerygma : 선포의 말씀)로 전환시키는 것이다. 이 방식은 앞의 두 암송법에 못지않은 탁월한 암송법이지만 말씀을 선포하는 것에 더 초점을 맞추고 있다. 이에 대한 성경적 근거는 확실하다.

텐텐텐(10,10,10) 암송법이란 주어진 말씀을 하루 3번 10번씩 큰 소리로 읽는 것이다. 암송하려고 하지 말고 그냥 하루 하루 3번 10번씩 소리 내어 읽는 것이다. 그렇게 하다보면 3일이 지나면 그 말씀이 자동적으로 암기되는 것을 알 수 있다. 물론 암기된 이후에도 하루 3번 10번씩 큰 소리로 읽이야 온전한 암송이 된다.

여호수아 1장 8절에 보면, "이 율법책을 네 입에서 떠나지 말게 하며 주야로 그것을 묵상하여 그 안에 기록된 대로 다 지켜 행하라 그리하면 네

---

[1] 리듬암송법에 대해 알기를 원하는 사람들은 유튜브(Youtube) 성경암송학교TV이나 매년 겨울과 여름에 있는 하브루타 성경암송캠프에 참가하면 자세히 배울 수 있다.

길이 평탄하게 될 것이며 네가 형통하리라"고 말씀하신다. 하나님의 말씀을 입에서 떠나지 않게 하라는 것이다. 그러나 대부분의 사람들은, 특히 한국교회 성도들은 말씀선포에 초점을 두지 않는다.

시편 1편 2절에 보면, "오직 여호와의 율법을 즐거워하여 그의 율법을 주야로 묵상하는도다"라고 말씀하신다. 여기서 '묵상'이란 히브리어로 '하가(Haggah)'로 하나님의 말씀을 즐거워하고 그 말씀을 밤낮으로 읊조리고, 선포하는 행위를 말한다.

테필린의 구원의 말씀에서는 더 강력하게 하나님의 말씀의 위치를 설명하고 있다. 테필린 구원의 말씀인 출애굽기 13장 9절에서 "이것으로 네 손의 기호와 네 미간의 표를 삼고 여호와의 율법이 네 입에 있게 하라 이는 여호와께서 강하신 손으로 너를 애굽에서 인도하여 내셨음이니"라고 말씀하신다. 하나님의 말씀을 네 입에 있게 하라는 명령은 그 말씀을 선포하라는 말씀이다. 하나님의 말씀을 입으로 선포하지 않으면, 하나님의 말씀이 확산되지 않고 제한되기 때문이다.

성경암송 vs 성경통독

우리가 하나님의 말씀을 가까이 하는 방법이 대부분 성경적이지 않고 주관적이다. 또 성경통독을 강조하는 만큼 성경암송을 강조하지 않는다. 성경통독을 강조하는 것이 성경암송보다 쉽고, 성과적이며(00독을 했다), 성경에 대한 호기심과 지적욕구를 채우는데 도움이 되기 때문이다. 창세기부터 요한계시록을 읽어가면서 '성경을 안다'라는 지적인 욕구를 채우는데 성경통독보다 좋은 것이 없기 때문이다.

동시에 성경암송은 확인이 가능하지만 성경통독은 확인하기가 어렵다는 맹점이 있다. 이것은 특히 목회자들에게 유리하다. 교인들에게 성경을 읽으라고 하면서도 목회자 자신은 성경을 읽지 않을 수 있다. 성경통독을 확인할 방법이 없기 때문이다. 반면, 성경암송은 위장할 수 없다. 교인들에게 성경암송을 강조하면서 목회자 자신이 성경암송을 하지 않으면 그대로 드러나기 때문이다.

주마간산 식의 성경통독의 비애

성경통독을 지나치게 강조하면 주마간산 격으로 성경을 통독하는 오류를 범하게 된다. '주마간산'(走馬看山)이란 마치 말을 타고 달리면서 산을 본다는 뜻으로, 사물을 자세히 보지 못하고 겉만 대강 보고 지나가는 것을 의미한다. 주마간산적인 성경통독에서 가장 많이 나타나는 오류는 자신들이 성경을 잘 안다는 착각에 빠지게 되는 것이다.

한국에 알려진 수많은 성경통독 프로그램이 유익한 부분이 많지만, 어느 면에서는 유익하지 않은 결과를 낳기도 한다. 지적인 욕구는 채워주지만 진정한 삶의 변화를 이끌어내지 못하기 때문이다. 또 여러 차례 성경통독을 했다는 자만심과 교만에 빠져 있는 모습을 본다. 이들의 오류는 '안다'라는 교만에 사로잡혀 있다. 그들은 더 이상 구도(求道)의 자세를 갖지 않는다. 다 안다고 생각하기 때문이다. 결국 말씀에 순종하려는 결단을 찾아보기 어렵다. 그러니 가장 큰 문제는 모르면서도 '안다'고 생각하는 것이다.

실제로 성경통독 프로그램의 경험을 가진 교인들을 대상으로 하브루타를 하다보면 성경에 대해 아는 것이 거의 없다. 예를 들어, 가장 많이 알려지고, 가장 쉬운 말씀에 속하는 마태복음 6장 33절의 말씀 '그런즉 너희는 먼저 그의 나라와 그의 의를 구하라 그리하면 이 모든 것을 너희에게 더하시리라'라는 말씀으로 하브루타를 해보면 이 말씀조차 올바로 이해하거나 해석하는 사람들이 드물다. '그의 나라'가 무엇입니까?, '그의 의'는 무엇입니까? 라는 기본적 질문에도 정확한 대답조차 하는 사람들이 드물다.

단어의 의미를 해석하는 사람은 종종 있지만, 적용과 실천을 이끌어내는 사람은 거의 없다. '그의 나라를 어떻게 구해야 하는가?', '그의 의를 오늘의 삶에서 어떻게 구해야 하느냐?'는 질문에 묵묵부답이다. 그의 나라에 대한 고찰도 없었고, 그의 의에 대한 고찰이 없었기 때문이다.

그런 사람들이 어떻게 하나님의 나라를 구하겠으며, 어떻게 하나님의 의를 구하는 삶을 살아갈 수 있겠는가? 결국 적용과 실천은 요원한 것이다. 결국 성경을 100독을 했다고 하더라도 말씀에 대한 이해와 적용, 그리고 실천은 요원하기만 하다. 또 '신천지'나 '하나님의 교회' 같은 이단들을 만날 때 그들의 단 일합(一合)도 받아내기 어려워 도망치기에 급급한 것이 현실이다. 이단을 상대하기 위한 가장 좋은 훈련은 바로 성경암송에 기초한 하브루타이다. 성경암송에 기초한 하브루타 훈련이 진정한 성경통독이라고 할 수 있다.

왕의 계보를 안다고 조선을 아는 것이 아니다

성경통독이 큰 그림을 그리는데 필요한 것은 사실이다. 조선의 역사를 배울 때 '태,정,태,세,문,단,세,예,성,연,중,인,명,선,광,인,효,현,숙,경,영,정,순,헌,철,고,순'으로 외우면 도움이 된다. 조선의 왕을 1대부터 27대까지 다 알기 어렵지만 이런 방식으로 하면 27대까지 왕들에 대한 순서를 알 수 있다. 여기에 각 왕의 정보를 입력하면 왕들에 대한 큰 그림을 그릴 수 있는 장점이 있다.

그러나 그것이 조선을 다 이해했다고 할 수는 없다. 다만 왕의 계보만 이해한 것이다. 조선은 1392년 이성계가 고려를 무너뜨리고 한양에 도읍

하여 조선이라는 나라를 세운 때부터 1910년 일본에 의하여 국권을 강탈당한 때까지의 518년이라는 긴 세월이다. 조선의 27대 왕들의 계보를 안다고 하여 518년의 조선을 다 이해했다고 해서는 안 되는 것처럼 성경통독을 지나치게 미화해서는 안 될 것이다.

물론 성경통독을 비하하는 것이 아니다. 그러나 지금 한국교회에서 강조하는 것이 성경암송이 아닌 성경통독에 머물러 있기 때문이다. 목회자들은 성경암송보다는 성경통독을 권하는데 집중하고 있다. 당연히 성경통독을 해야 하지만 그 이상으로 해야 할 것은 성경암송이다. 성경암송을 하는 것은 하나님의 말씀을 내 마음 판에 새기는 하나님의 명령이며, 하나님의 말씀을 내 말씀으로 바꾸는 변화이며, 두루뭉술한 하나님의 말씀을 좌우에 날선 칼같이 만드는 방법이며, 내적 질병에 신음하는 사람을 치유하는 강력한 도구가 될 것이기 때문이다.

성경암송과 하브루타의 힘

성경말씀의 능력은 실로 무한하다. 성경은 우리가 상상할 수 없는 은혜를 제공한다. 성경을 읽는 것은 살(flesh)을 채우는 것과 같고, 성경을 암송하는 것은 뼈대(bone)를 세우는 것과 같고, 성경을 나누는 하브루타는 피(blood)를 흐르게 하는 것과 같다. 따라서 성경통독과 성경암송, 그리고 하브루타를 온전히 이행해야 한다.

유대인들은 어릴 때부터 성경을 암송하는 민족으로 유명하다. 유대인들이 구약성경을 몇 번 통독했다는 이야기는 들어보지 못했다. 그러나 유대인들의 성경암송은 불신자들도 알 정도로 유명하다. 유대인들은 만 3살(한국나이 5세) 때부터 시작하여 만 13세(한국나이 15세)가 될 때까지 모세오경 약 5,852절을 암송한다. 유대교 랍비들은 창세기부터 말라기까지

약 23,214절을 암송한다. 유대인들이 세계에서 가장 뛰어난 민족으로 인정받는 원인은 성경암송과 하브루타에 있다는 사실이다.

성경암송과 하브루타는 입을 여는 훈련이다. 입을 열어서 암송하고, 입을 열어서 하브루타를 한다. 학습법 중에서 가장 뛰어난 학습법은 입을 여는 것이다. 유대인들이 세계에서 가장 뛰어난 민족이라고 한다면, 그렇게 된 비결이 바로 그들의 입을 여는 학습법에 있다. 입을 열면 문제가 해결되고, 난제들이 풀어지고, 인간관계가 열리고, 가족관계에서 세대차이가 사라지고 우애가 돈독해진다.

성경암송과 하브루타를 하면 범죄율이 낮아진다. 미국 펜실베이니아 교도소에 따르면 2,000명의 수감자 중에 유대인은 6~8명에 지나지 않는다고 한다. 그런데 수감된 유대인들도 한쪽 부모가 비유대인이어서 완전한 유대인 가정에서 자라지 못한 사람들이었다고 한다. 미국 전체로 봐도 범죄자나 비행소년 가운데 유대인이 차지하는 비율, 알코올 중독자들 가운데 유대인의 비율은 통계로 잡을 수 없을 정도로 작다고 한다.

그러나 우리는 유대인을 배울 것이 아니라 하나님이 명령하신 성경암송과 하브루타를 적용하여 살아남은 유대인들을 통해 하나님의 명령을 회복해야 한다. 그것은 바로 성경암송과 하브루타이다. 성경암송과 하브루타는 우리의 내적 질병을 치유하고 하나님의 형상으로 회복시킬 것이다.

기적이 일어난다

2부에서는 말씀치유를 위한 성경암송과 하브루타 135절의 말씀이 준비되어 있다. 이 말씀을 입술로 선포하라. 제목을 질문으로 구성했다. 하브루타에서 질문은 가장 중요한 것이다. 질문을 읽고 주어진 말씀으로 답변 및 선포하라. 답변한다는 것은 질문에 대한 답변이고, 선포는 하나님의 언약을 케리그마(Kerygma : 선포의 말씀)로 전환시키는 것이다.

　가능한 큰 소리로 선포하라. 135절의 말씀을 1주일 단위로 분류했다. 월요일부터 주일까지 매일 하나님을 선포하라. 두 가지의 큰 기적이 일어날 것이다.

　첫째로, 당신의 내적 질병들이 치유될 것이다. 하나님의 말씀을 반복하여 선포하는 가운데 하나님의 약속이 믿어지게 될 것이다. 예수 그리스도의 고난의 이유를 깨닫게 될 것이다. 하나님이 당신을 창조하신 목적과 복을 회복하게 될 것이다. 그리고 하나님이 당신을 가슴 절절히 사랑하신다는 사실을 깨닫게 될 것이다. 이제 당신은 힘 있고 건강하게 세상으로 나아가게 될 것이다.

　둘째로, 1년이 지나기 전, 이 책에 있는 치유를 위해 선별된 135절의 치유말씀을 완벽하게 암송하게 될 것이다. 암기하려 하지 말고 큰 소리로 선포하기만 해도 암송이 절로 된다. 치유의 말씀 135절을 암송하는 것은 당신에게 큰 유익이 될 것이다. 당신이 암송한 말씀은 당신뿐만 아니라 당신 주위에서 내적 질병으로 신음하는 사람들을 치유하는 강력한 도구가 될 것이다. 당신의 도움을 필요로 하는 사람들이 당신을 기다릴 것이다. 이것이 바로 당신을 향한 하나님의 놀라운 계획이다.

제 **2** 부

말씀치유를 위한 선포

> 월요일

2-1 치유하시는 하나님(25절)

1~3. 하나님은 우리를 어떻게 창조하셨습니까?

> **창세기 1:26-28**
>
> 26 하나님이 이르시되 우리의 형상을 따라 우리의 모양대로 우리가 사람을 만들고 그들로 바다의 물고기와 하늘의 새와 가축과 온 땅과 땅에 기는 모든 것을 다스리게 하자 하시고
> 27 하나님이 자기 형상 곧 하나님의 형상대로 사람을 창조하시되 남자와 여자를 창조하시고
> 28 하나님이 그들에게 복을 주시며 하나님이 그들에게 이르시되 생육하고 번성하여 땅에 충만하라, 땅을 정복하라, 바다의 물고기와 하늘의 새와 땅에 움직이는 모든 생물을 다스리라 하시니라 (창 1:26-28)

해설 우리는 하나님의 형상(Image of God)으로 지음을 받은 존재이다. 세상의 어떤 창조물도 하나님의 형상으로 지음을 받은 존재는 없다. 오직 사람만 하나님의 형상으로 지음을 받았으며 복을 받은 존재이다.

구원받은 우리는 반드시 두 가지를 회복해야 한다. 하나님의 형상과 하나님이 우리에게 주신 복(福)을 회복해야 한다. 하나님은 우리를 회복시키기 위해 자신의 독생자 예수 그리스도를 세상에 보내셨고 십자가에서 죽게 하셨다. 그리고 복을 받길 소원하신다.

건강한 자아상의 시작이 무엇인가? 우리가 하나님의 형상으로 지음을 받았다는 사실을 확신하는 것이고 우리를 창조하신 후에 가장 먼저 허락하신 복을 회복하는 것이다.

하브루타 질문

1. 하나님은 사람을 어떻게 창조하셨습니까?

2. 하나님이 사람에게 주신 복의 내용은 무엇입니까?

3. 우리가 반드시 회복해야 할 것은 무엇입니까?

4. 질병에서 치유함을 받는 방법은 무엇이며 하나님은 어떤 분이십니까?

출애굽기 15:26

26 이르시되 너희가 너희 하나님 나 여호와의 말을 들어 순종하고 내가 보기에 의를 행하며 내 계명에 귀를 기울이며 내 모든 규례를 지키면 내가 애굽 사람에게 내린 모든 질병 중 하나도 너희에게 내리지 아니하리니 나는 너희를 치료하는 여호와임이라 (출 15:26)

해설 '여호와 라파'(Jehovah-rapha)라는 이름은 '치료하시는 하나님'이란 뜻이다. 이 명칭은 '마라'의 쓴 물을 단물로 바꾸신 기적을 베푼 후에 나타내주신 하나님의 이름이다. 신학자들은 기독교의 중요한 기능 가운데 하나를 '치료'로 보고 있다.

인간의 육체뿐만 아니라 인간의 죄악과 정신적 질병을 치유하는 능력이 있어야 참된 기독교라고 할 수 있다는 것이다. 하나님은 말라기 4장 2절에서 "내 이름을 경외하는 너희에게는 공의로운 해가 떠올라서 치료하는 광선을 발하리니, 너희가 외양간에서 나온 송아지같이 뛰리라"고 하셨다. 예수 그리스도를 통하여 죄악 된 인간의 마음을 새롭게 회복시키고자 하시는 하나님의 구속 사역은 다른 말로 '치료 사역'이라고도 볼 수 있다. 하나님은 자신이 만드신 만물의 질병을 온전히 치유하실 수 있는 '여호와 라파'이시다.

하브루타 질문

1. 하나님은 어떤 하나님이십니까?

2. 하나님의 치료의 조건을 설명하시오.

3. 예수님의 대표적 사역 3가지를 설명하시오.

5-6. 하나님을 섬기는 사람에게 주시는 복은 무엇입니까?

출애굽기 23:25-26

25 네 하나님 여호와를 섬기라 그리하면 여호와가 너희의 양식과 물에 복을 내리고 너희 중에서 병을 제하리니
26 네 나라에 낙태하는 자가 없고 임신하지 못하는 자가 없을 것이라 내가 너의 날 수를 채우리라 (출 23:25-26)

해설 하나님은 모든 것을 주시는 분이시다. 사람의 육적인 필요를 채우시는 분이시다. 그러나 하나님은 육적인 것만 채우시는 것이 아닌 사람의 모든 문제들을 치유하시는 하나님이시다. 그 이유는 하나님이 사람을 지으신 창조주이기 때문이시다.

중요한 것은, 하나님을 온전히 섬기는 것이다. 사람은 자신들의 필요가 있을 때 그 필요를 따라 구하지만 정작 그 필요가 채워지면 마치 자신의 힘으로 모든 것을 얻은 것인 양 의기양양해진다. 하나님의 은혜에 감사하고 하나님을 더욱 잘 섬기려는 방향으로 나아가는 것이 아니라 하나님을 멀리하고 교만해진다. 바로 이런 사람들에게 외적, 내적 질병들이 찾아온다. 모든 문제를 해결하는 방법은 창조주이신 하나님께로 돌아가 그분을 온전히 섬기는 것이다. 이것이 진정으로 복을 받는 길이다.

하브루타 질문

1. 하나님은 어떤 하나님이십니까?

---

2. 우리가 하나님의 복과 치료를 받기 위해서 해야 할 일은 무엇입니까?

---

3. 하나님이 우리를 회복시키는 내용들은 무엇입니까?

7-10 하나님이 사람에게 베푸신 은택은 무엇입니까?

시편 103:2-5

2 내 영혼아 여호와를 송축하며 그의 모든 은택을 잊지 말지어다
3 그가 네 모든 죄악을 사하시며 네 모든 병을 고치시며
4 네 생명을 파멸에서 속량하시고 인자와 긍휼로 관을 씌우시며
5 좋은 것으로 네 소원을 만족하게 하사 네 청춘을 독수리 같이 새롭게 하시는 도다 (시 103:2-5)

해설 하나님이 사람에게 베푸신 은택은 다 열거할 수 없을 정도로 많다. 그러나 하나님의 은택을 정리해 본다면 사람들의 죄악을 사하시고 모든 병(육신의 병, 내적인 병)을 고치신다는 사실이다. 그리고 우리의 생명을 파멸에서 구원하시고 하나님의 속성인 인자와 긍휼로 우리의 머리에 관을 씌우신다. 또 좋은 것으로 우리의 소원을 만족하게 하심으로 우리의 인생이 독수리같이 새롭게 하신다는 사실이다.

하나님은 사람에게 좋은 것을 주시는 분이다. 하나님은 심판이나 공포의 하나님이 아닌 사랑의 하나님이시다. 부모가 자식에게 좋은 것을 주는 것처럼 하나님은 자녀 된 우리에게 항상 좋은 것을 주시길 원하신다.

우리가 내적치유를 기대하는 것은 우리의 소망을 좋으신 하나님께 두기 때문이다. 우리가 사탄에 종노릇할 때 사탄은 우리를 죽이고 멸망시키려고 했다. 그러나 그 원수된 사탄의 그늘에서 우리를 자유하게 하시고 우리에게 좋은 것으로 만족하게 하시는 하나님을 찬양하자!

하브루타 질문

1. 우리는 왜 하나님을 송축해야 하며 그의 은택을 잊지 말아야 합니까?

2. 하나님이 우리에게 베푸시는 일들을 구체적으로 설명하시오.

3. 우리가 가져야 할 믿음은 무엇입니까?

11-13. 하나님은 나에게 어떤 분이십니까?

> **시편 121:5-7**
>
> 5 여호와는 너를 지키시는 이시라 여호와께서 네 오른쪽에서 네 그늘이 되시나니
> 6 낮의 해가 너를 상하게 하지 아니하며 밤의 달도 너를 해치지 아니하리로다
> 7 여호와께서 너를 지켜 모든 환난을 면하게 하시며 또 네 영혼을 지키시리로다
> (시 121:5-7)

해설 예수님을 믿고 하나님의 자녀가 된 사람들은 하나님에 대한 분명한 관점(觀點)을 가지고 있어야 한다. '하나님은 어떤 분이신가?' '그분은 나에게 어떤 하나님이신가?'라는 올바른 관점을 가져야 한다.

시편 121편 5절에서 7절 말씀은 하나님에 대한 성경적 관점을 잘 설명하고 있다. 성경은 일관되게 하나님은 우리를 지키시는 분이라는 사실이다. 부모가 자식을 보호하듯이 하나님은 우리를 보호하신다. 우리의 육신을 보호하실 뿐만 아니라 우리의 영과 혼까지 보호하시는 분이시다. 하나님은 우리가 환난을 당하는 것을 기뻐하지 않으신다. 하나님의 보호 아래 안전하고 행복한 삶을 영위하기를 기뻐하시는 분이시다.

문제는 우리가 자신의 욕심과 욕망에 이끌려 하나님의 보호하심을 저버릴 때이다. 그로 인해 발생하는 수많은 상처들과 아픔들을 갖고 다시 하나님의 품으로 돌아가자. 하나님은 우리를 다시 회복시켜 주실 것이다.

하브루타 질문

1. 하나님은 어떤 하나님이십니까?

2. 하나님의 보호를 받는 방법을 설명하시오.

3. 우리를 향한 하나님의 마음을 설명하시오.

14-15. 하나님은 나에게 어떤 분이십니까?

시편 147:2-3

2 여호와께서 예루살렘을 세우시며 이스라엘의 흩어진 자들을 모으시며
3 상심한 자들을 고치시며 그들의 상처를 싸매시는도다 (시 147:2-3)

해설 하나님은 육체의 질병만 치유하시는 분이 아니라 상심한 사람들을 치유하시는 분이시다. 찢어진 상처를 싸매시는 분이시며 우리를 하나님의 자녀로 다시 회복시키는 분이시다. 우리는 하나님에 대한 관점을 새롭게 해야 한다. 모든 치유는 하나님의 손아래에 있다. 우리의 치유의 근원은 오직 하나님이시다. 아무리 상처가 크고 아파도 하나님께로 돌아오면 하나님은 우리를 창조하셨던 바로 그 손으로 우리를 다시 싸매시고 회복하게 하신다.

나의 유년 시절은 상처로 얼룩진 시기였다. 모두들 어렵다는 시기였지만 유독 나의 집은 더 가난했고 평안이 없었다. 초등학교 6번, 중학교 2번, 고등학교 2번의 전학이 말해주듯이 우리 집은 늘 불안정했고 고통스러운 시간이었다. 목회자의 가정이라고 했지만 불신자의 가정보다 나은 것이 전혀 없었다. 어머니를 향한 아버지의 고함소리가 끊이지 않았다. 먹을거리, 학교 수업료, 아버지에 대한 공포 등은 잊을 수 없는 상처였다. 단 하루도 마음 편하게 살아보지 못했던 시기였지만 그럼에도 하나님의 말씀이 있었기에 회복에 대한 꿈을 꿀 수 있었다.

하브루타 질문

1. 하나님은 어떤 하나님이십니까?

2. 우리가 고난 중에서도 잊지 말아야 할 말씀은 무엇입니까?

3. 하나님은 나에게 어떤 하나님이십니까?

16. 하나님은 나에게 어떤 분이십니까?

이사야 30:26

26 여호와께서 자기 백성의 상처를 싸매시며 그들의 맞은 자리를 고치시는 날에는 달빛은 햇빛 같겠고 햇빛은 일곱 배가 되어 일곱 날의 빛과 같으리라 (사 30:26)

해설 하나님은 소망의 하나님이시다. 어렵고 힘이 들어 쓰러질 수밖에 없지만 하나님의 소망이 나타날 때 우리는 다시 회복된다. 우리의 범죄와 욕심으로 인해 하나님께 매를 맞지만 다시 회복을 소망할 수 있음은 하나님의 사랑 때문이다.

자녀가 잘못할 때 그 자녀를 사랑하는 부모는 매를 들 수밖에 없다. 매를 드는 이유는 그 자식을 미워하기 때문이 아니라 사랑하기 때문이다. 그 자녀가 잘 되기를 바라기 때문이다. 결국 그 매는 사랑의 매요 회복의 매인 것이다.

하나님의 사랑도 동일하다. 하나님은 우리가 죄를 범할 때마다 매를 드시지만 상처를 싸매시며 맞은 자리를 싸매신다. 그때 우리는 다시 회복을 꿈꿀 수 있다. 회복의 시간은 아름답다. 회복은 우리를 더 빛나게 할 것이다. 하나님께로 돌아가자. 하나님께로 돌아갈 때 우리는 다시 회복될 것이며 우리의 삶은 아름답게 빛날 것이다.

하브루타 질문

1. 하나님은 어떤 하나님이십니까?

2. 하나님이 우리를 고치시는 날은 어떤 날입니까?

3. 우리가 고난 속에서도 잊지 말아야 할 말씀이 무엇입니까?

17-21. 하나님의 약속은 무엇입니까?

이사야 57:15-19

15 지극히 존귀하며 영원히 거하시며 거룩하다 이름하는 이가 이와 같이 말씀하시되 내가 높고 거룩한 곳에 있으며 또한 통회하고 마음이 겸손한 자와 함께 있나니 이는 겸손한 자의 영을 소생시키며 통회하는 자의 마음을 소생시키려 함이라

16 내가 영원히 다투지 아니하며 내가 끊임없이 노하지 아니할 것은 내가 지은 그의 영과 혼이 내 앞에서 피곤할까 함이라

17 그의 탐심의 죄악으로 말미암아 내가 노하여 그를 쳤으며 또 내 얼굴을 가리고 노하였으나 그가 아직도 패역하여 자기 마음의 길로 걸어가도다

18 내가 그의 길을 보았은즉 그를 고쳐 줄 것이라 그를 인도하며 그와 그를 슬퍼하는 자들에게 위로를 다시 얻게 하리라

19 입술의 열매를 창조하는 자 여호와가 말하노라 먼 데 있는 자에게든지 가까운 데 있는 자에게든지 평강이 있을지어다 평강이 있을지어다 내가 그를 고치리라 하셨느니라 (사 57:15-19)

해설 토마스 왓슨은 그의 저서 「신학의 체계」(A Body of divinity)에서 "참된 평강은 폭풍 이후에 오는 것이다. 먼저 하나님은 속박의 영들을 풀어 놓아 활동하게 하심으로서 영혼을 깨닫게 하고 겸손케 하신다. 그런 다음에 하나님은 평강을 말씀하신다. 많은 사람들이 자기의 평강을 소유하고 있다고 말하지만 이 평강은 폭풍 이전의 평강인가? 폭풍 이후의 평강인가? 참된 평강은 폭풍 이후의 평강이다. 먼저 지진이 일어나고, 그 다음에 불이

나며, 그 불 이후에 세미한 음성이 있는 것이다.(왕상 19:12) 결코 어떤 법적인 타격을 받지 못한 상태에서는 여러분은 자신들의 평강을 의심하게 될 것이다. 하나님은 상한 심령 속에 평강이라는 황금의 기름을 쏟아 부으신다"라고 말했다. 중요한 사실은 참된 평강은 하나님으로부터 나온다는 사실이다. 하나님은 말씀하신다. "평강이 있을지어다" "내가 고치리라" 이 귀한 메시지에 귀를 기울여야 한다. 탐심의 죄악으로 하나님의 징계를 받은 우리지만 하나님은 우리에게 평강을 주시고 고치시는 분임을 알아야 한다.

하브루타 질문

1. 하나님은 어떤 하나님이십니까?

2. 하나님은 우리의 마음을 어떻게 여기십니까?

3. 하나님은 우리를 어떻게 회복시키시고 평강으로 인도하십니까?

22-24. 하나님의 약속은 무엇입니까?

> **예레미야 33:6-8**
>
> 6 그러나 보라 내가 이 성읍을 치료하며 고쳐 낫게 하고 평안과 진실이 풍성함을 그들에게 나타낼 것이며
> 7 내가 유다의 포로와 이스라엘의 포로를 돌아오게 하여 그들을 처음과 같이 세울 것이며
> 8 내가 그들을 내게 범한 그 모든 죄악에서 정하게 하며 그들이 내게 범하며 행한 모든 죄악을 사할 것이라 (렘 33:6-8)

해설 하나님은 회복하는 분이시다. 예레미야는 이스라엘이 갈대아인의 손에서 벗어나지 못하고 바벨론 왕의 손에 넘겨진바 되어 바벨론으로 끌려 갈 것이라는 말씀을 그대로 전하였다가 시위대 뜰에 갇히게 되었다. 시드기야 왕은 예레미야를 시위대 뜰에 가둬두면 그 일이 이루어지지 않고 더 이상 하나님의 말씀을 전하지 못할 것이라고 생각했지만 하나님께서는 시위대 뜰에 갇혀 있는 예레미야에게 임하여 말씀하셨다. 하나님은 일을 행하시는 분이시며, 그것을 만들며 성취하시는 분이시라고 말씀하셨다. 내게 부르짖으면 내가 응답하겠고 네가 알지 못하는 크고 은밀한 일을 보여주시겠다고 말씀하신다.

이제 하나님의 때가 되었기에 하나님은 이 성읍을 치료하며 고쳐 낫게 하고 평안과 진실이 풍성함을 그들에게 나타낼 것이며 유다의 포로와 이스라엘의 포로를 돌아오게 하여 그들을 처음과 같이 세울 것이라고 말씀하셨다. 하나님은 그들이 범한 모든 죄악을 사할 것이라고 말씀하셨다. 하

나님은 그들의 모든 죄악을 사하실 뿐 아니라, 이 성읍이 세계 열방 앞에서 하나님의 기쁜 이름과 찬송과 영광이 될 것이며, 세계 열방이 하나님께서 이 백성에게 베푼 모든 복을 들을 것이며, 하나님께서 이 성읍에 베푼 모든 복과 모든 평안으로 말미암아 두려워하며 떨게 될 것이라고 말씀하셨다.

하브루타 질문

1. 하나님이 약속하신 내용은 무엇입니까?

2. 하나님이 우리를 회복시킬 때 어떤 시점으로 회복시키십니까?

3. 우리가 사죄의 은총을 받기 위해 해야 할 일은 무엇입니까?

25. 하나님의 이름을 경외하는 자에게 어떤 역사가 일어납니까?

말라기 4:2

2 내 이름을 경외하는 너희에게는 공의로운 해가 떠올라서 치료하는 광선을 비추리니 너희가 나가서 외양간에서 나온 송아지 같이 뛰리라 (말 4:2)

해설 외양간에서 나온 송아지를 본 적이 있는가? 펄쩍펄쩍 뒷다리를 들면서 뛰는 모습은 송아지만의 탄력이고 건강의 상징이다. 하나님의 이름을 경외하는 사람에게는 치료하는 광선이 임하게 된다. 하나님은 치유하시는 분이시기 때문이다.

성경암송 사역을 하면서 많은 분들이 이 말씀을 붙들고 기도하는 동안 치유되는 역사를 목격했다. 질병으로 고통을 받는 분들에게 나는 늘 이 말씀을 권하곤 한다. "네 입에서 떠나지 말게 하며"(수 1:8)는 말씀에 의거하여 늘 입으로 중얼거리고 선포하라고 말한다. 하나님께서 치유자라는 사실을 믿고 그 분께 기도를 통해 도움을 구하라고 말한다.

하나님을 경외한다는 것은 그분의 말씀을 생명처럼 여긴다는 것을 의미한다. 하나님의 말씀을 붙들고 기도하는 가운데 역사가 일어나고, 질병이 치유되며, 내적인 상처들이 회복되는 현장을 지켜보는 것은 그리 어려운 일이 아니다. 분명한 사실은 하나님은 오늘도 당신을 치유하기를 원하신다는 사실이다.

하브루타 질문

1. 외양간에서 나온 송아지의 모습은 어떤 모습입니까?

2. 내 이름을 경외한다는 말씀의 의미를 설명하시오.

3. 하나님이 치료하시는 방법은 무엇이며 어떻게 비유되고 있습니까?

> 화요일

2-2 치유하시는 예수님(18절)

26. 예수님은 왜 고난을 당하셨습니까?

이사야 53:5

5 그가 찔림은 우리의 허물 때문이요 그가 상함은 우리의 죄악 때문이라 그가 징계를 받으므로 우리는 평화를 누리고 그가 채찍에 맞으므로 우리는 나음을 받았도다 (사 53:5)

해설 이사야는 웃시야 왕이 죽던 해에 예언자로 부르심을 받아 기원전 745-695년까지 50년간 활동한 위대한 예언자이다. 예수님이 오시기 전 600여 년 전에 활동했던 이사야는 예수님이 세상에 오셔서 인간의 죄를 담당하기 위해 창에 찔리고, 상하고, 징계를 받고, 채찍에 맞을 것을 예언하였다. 그의 예언은 그대로 이루어졌다.

예수님은 십자가를 지시기 전 채찍에 맞으셨는데 그 이유를 '우리의 나음'을 위해서였다고 예언했다. 예수님이 창에 찔리고, 상하고, 징계를 받고, 채찍에 맞는 행위 하나하나에 의미를 부여했다. 쇠갈퀴가 달린 채찍에 맞으신 것은 우리의 육신의 질병과 내적인 질병을 대신 담당하셨다는 사실이다. 우리가 아파해야 하고, 우리가 고통 받아야 할 질병의 고통을 예수님이 대신 감당하셨다는 놀라운 사실이다.

따라서 우리는 나음을 얻어야 할 특권이 있다. 예수님이 우리가 마땅히 감당해야 할 질병을 대신 담당하셨기 때문이다. 예수 그리스도를 나의 구주와 주님으로 모신 사람에게는 이 혜택은 유효하다.

하브루타 질문

1. 예수님이 고난을 당하신 이유는 무엇입니까?

2. 예수님이 당하신 고난들을 열거하고 그 대가는 무엇인지 설명하시오.

3. 이 말씀을 전한 사람은 누구이며 어떤 관점에서 묘사했습니까?

27-28. 예수님은 어떤 병자들을 고치셨습니까?

마태복음 4:23-24

23 예수께서 온 갈릴리에 두루 다니사 그들의 회당에서 가르치시며 천국 복음을 전파하시며 백성 중의 모든 병과 모든 약한 것을 고치시니
24 그의 소문이 온 수리아에 퍼진지라 사람들이 모든 앓는 자 곧 각종 병에 걸려서 고통 당하는 자, 귀신 들린 자, 간질하는 자, 중풍병자들을 데려오니 그들을 고치시더라 (마 4:23-24)

해설 예수님의 3대 사역은 '사람을 살리는 전파사역', '사람을 키우는 교육사역', '사람을 고치는 치유사역'이다. 우리가 예수님의 사역을 본받기 위해선 예수님의 3대 사역의 본을 따라야 한다. 이 3대 사역에 중점을 두어야 하는 것은 당연하다. 어느 한 가지만 강조하는 것은 예수님의 3대 사역을 부인하는 행위이다.

예수님은 치유사역자이셨다. 당시에도 수많은 병자들이 각종 병에 걸려 신음하고 있었다. 예수님은 그들의 신음을 들으시고 각종 병을 고치셨다. 이렇듯 치유사역은 예수님의 주요사역 중의 하나였던 것을 기억해야 한다.

우리가 육신의 질병뿐만 아니라 내적인 질병에서 신음하고 있다면 우리는 예수님께로 나아와야 한다. 그분은 지금도 살아계셔서 우리를 치유해 주실 것이다. 어떤 병에 걸렸든지 그분 앞에 나오면 치유를 받고 자유함을 누리게 될 것이다.

하브루타 질문

1. 예수님이 이 세상에 오셔서 하신 사역의 내용을 설명하시오.

2. 예수님은 어떤 종류의 환자들을 치유하셨습니까?

3. 지금도 예수님이 우리의 질병과 내적인 상처들을 고쳐 주실 것을 믿고 있습니까?

29-30. 예수님의 원하심은 무엇이었습니까?

> **마태복음 8:2-3**
>
> 2 한 나병환자가 나아와 절하며 이르되 주여 원하시면 저를 깨끗하게 하실 수 있나이다 하거늘
> 3 예수께서 손을 내밀어 그에게 대시며 이르시되 내가 원하노니 깨끗함을 받으라 하시니 즉시 그의 나병이 깨끗하여진지라 (마 8:2-3)

해설 한 나병환자가 예수님께 와서 "원하시면 나를 깨끗케 하소서"라고 간청한다. 나병환자는 주님께 나아왔을 때 더 이상 잃을 것이 없는 상태였다. 그리고 예수님 밖에는 다른 희망의 끈도 없었다. 지푸라기라도 잡는 심정이었을 터인데, 그 마지막 지푸라기가 예수님이었기에 그에겐 오직 예수님만 바라볼 뿐이었다. 그런데 예수님께서 그 나병환자에게 이렇게 말씀하신다. "내가 원하노니 깨끗함을 받으라"

이 말씀이 얼마나 나에게 희망과 평안을 주는지… "내가 원하노니" 예수님이 원하신다는 것이다. 예수님께서 그 나병환자의 병이 낫기를 원하신단다. 이 말씀이 나에게 믿음으로 다시 들려진다. "내가 원하노니" "예수님은 내가 병들었을 때에도 내가 낫기를 원하시는구나." "나병을 고쳐주시는 능력이라면 내 속에 있는 내적질병도 치유할 수 있지요? 그렇죠?"

그리고 이렇게 소망한다. "저도 나병환자처럼 주님 앞에 나갈 때 좀 더 단순하고, 순전한 마음이 되길 간절히 바래요. 주님 제 머리 좀 비워주세요. 그대로 믿고 치유함을 얻게 해주세요!"

하브루타 질문

1. 예수님의 원하심은 무엇이었습니까?

2. 왜 예수님은 우리가 깨끗해짐을 원하십니까?

3. 예수님이 손을 대시면 어떤 일이 일어나는지 설명하시오.

31-34. 예수님은 누구의 병을 고치셨습니까?

마태복음 8:14-17

14 예수께서 베드로의 집에 들어가사 그의 장모가 열병으로 앓아 누운 것을 보시고
15 그의 손을 만지시니 열병이 떠나가고 여인이 일어나서 예수께 수종들더라
16 저물매 사람들이 귀신 들린 자를 많이 데리고 예수께 오거늘 예수께서 말씀으로 귀신들을 쫓아내시고 병든 자들을 다 고치시니
17 이는 선지자 이사야를 통하여 하신 말씀에 우리의 연약한 것을 친히 담당하시고 병을 짊어지셨도다 함을 이루려 하심이더라 (마 8:14-17)

해설 예수님은 열병으로 앓아누운 베드로의 장모를 고치셨다. 그러자 사람들이 귀신 들린 자, 각종 병에 걸린 자들을 예수님 앞으로 데리고 왔다. 예수님은 세상 어디에도 없는 탁월한 능력으로 사람들을 치유하기 시작하셨다. 베드로의 장모부터 귀신 들린 사람, 그리고 각종 병에 걸린 병자들을 다 고치셨다. 누구든지 예수님께 오기만 하면 예수님은 즉석에서 다 고쳐주셨다.

그러나 이것은 우연이 아니었다. 이것은 예수님의 주요사역일 뿐 아니라 이 사역을 친히 담당하기 위해 세상에 오신 것이었다. 선지자 이사야가 예언했던 것을 그대로 이루셨다.

예수님의 사역은 과거의 사역이 아닌 현재진행형 사역이다. 지금도 누구든지 예수님 앞에 나오면 치유함을 받을 수 있다. 어떤 내적 질병도 다 고쳐주신다.

대신 믿음이 필요하다. "믿음이 없이는 하나님을 기쁘시게 하지 못하나니 하나님께 나아가는 자는 반드시 그가 계신 것과 또한 그가 자기를 찾는 자들에게 상 주시는 이심을 믿어야 할지니라"(히 11:6)

하브루타 질문

1. 예수님은 누구를 고치셨습니까?

2. 예수님은 어떤 방식으로 귀신들린 자와 병든 자를 고치셨습니까?

3. 우리가 끝까지 예수님을 의지해야 하는 이유를 설명하시오.

35. 예수님이 하신 일은 무엇입니까?

마태복음 9:35

35 예수께서 모든 도시와 마을에 두루 다니사 그들의 회당에서 가르치시며 천국 복음을 전파하시며 모든 병과 모든 약한 것을 고치시니라 (마 9:35)

해설 예수님은 모든 병과 모든 약한 것을 고치셨다. 예수님 앞에서는 치유되지 않은 병과 약한 것은 없었다. 예수님 앞에 오기만 하면 모든 병과 모든 약한 것들은 치유함을 받았다. 모든 질병과 약함 속에는 외적인 질병과 약함은 물론 내적인 질병과 약함이 있다. 이 모든 것을 치유하시는 분이 바로 예수님이시다. 그 이유는 예수님은 사람을 살리는 분이시기 때문이다.

예수님의 3대 사역을 다시 정리해보면, '사람을 살리는 전파사역', '사람을 키우는 교육사역', '사람을 고치는 치유사역'이었다. 예수님의 사역은 모두 사람을 살리는데 초점이 맞추어져 있었다. 반대로 사탄은 언제나 죽이고 멸망시키려는 사역이었다. "도둑이 오는 것은 도둑질하고 죽이고 멸망시키려는 것뿐이요"(요 10:10)

하브루타 질문

1. 예수님이 모든 도시와 마을을 두루 다니신 이유는 무엇입니까?

---

2. 예수님의 사역들이 무엇인지 설명하시오.

---

3. 이 세상에서 유일하게 우리를 치유하시고 회복시키시는 분은 누구십니까?

36-37. 예수님이 우리에게 주신 사명은 무엇입니까?

마태복음 10:7-8

7 가면서 전파하여 말하되 천국이 가까이 왔다 하고
8 병든 자를 고치며 죽은 자를 살리며 나병환자를 깨끗하게 하며 귀신을 쫓아내되 너희가 거저 받았으니 거저 주라 (마 10:7-8)

해설 우리는 1절에서 예수님께서 새 이스라엘을 세우시기 위해 열두 제자를 부르시며, 그들에게 예수님의 전권을 주셨음을 보았다. "예수께서 그의 열두 제자를 부르사 더러운 귀신을 쫓아내며 모든 병과 모든 약한 것을 고치는 권능을 주시니라" 이제 예수님은 제자들을 보내시면서 본격적인 사역에 돌입하게 하셨다. 교회는 공식적으로 오순절 이후 시작되지만, 12제자를 통해 교회의 기초는 벌써 이루어지고 있었던 것이다. 교회는 이처럼 능력 위에 세워지는 것이다.

우리는 예수님의 3대 사역인 '사람을 살리는 전파사역', '사람을 키우는 교육사역', '사람을 고치는 치유사역'이 이제 제자들을 통해 실현되고 있음을 볼 수 있다. 이것은 오늘의 교회에게도 동일하게 주시는 명령이다. 병든 자를 고치며, 죽은 자를 살리며, 나병환자를 깨끗하게 하며, 귀신을 쫓아내는 능력은 오늘 우리 모두가 감당해야 할 명령이다.

지금 한국교회의 위기는 이러한 능력을 상실한 것에서 시작한다. 한국교회가 세상에서 배척을 받는 이유는 예수님의 명령에 불순종하면서 자기 배만 채우려고 하고 교회에게 주신 사명을 감당하지 못하고 있기 때문이다.

하브루타 질문

1. 예수님이 우리에게 하신 명령의 내용은 무엇입니까?

2. 예수님이 행하신 3대 사역을 우리에게 위임하신 이유는 무엇입니까?

3. 교회는 이렇게 귀하고 복된 사명을 부여받았는데 세상에서 배척받는 이유를 설명하시오.

38. 예수님은 큰 무리를 어떻게 여기셨습니까?

마태복음 14:14

14 예수께서 나오사 큰 무리를 보시고 불쌍히 여기사 그 중에 있는 병자를 고쳐 주시니라 (마 14:14)

해설 예수님은 큰 무리를 보시고 불쌍히 여기셨다. 세례(침례) 요한이 목 베임을 당한 소식이 들려지자 많은 사람들이 새로운 메시야를 찾아 나섰다. 예수님이 빈들로 가셨다는 이야기를 듣고 수많은 사람들이 예수님을 찾아왔다. 바로 오병이어의 현장이다.

사람들은 자기를 찾아오는 사람들이 많으면 자신의 인기를 실감하곤 한다. 대부분의 사람들은 이런 현상을 즐기고 기대까지 한다. 이런 현상을 만들기 위해, 인기를 얻기 위해 동분서주하면서 심혈을 기울이는 것이 사람들의 본연의 모습이다.

그러나 무리를 보신 예수님의 반응은 색달랐다. 큰 무리를 불쌍히 여기셨다. 모두들 자기중심의 해석을 하는 동안에 예수님은 오히려 그 사람의 입장에서 이해(Understanding)하셨고, 불쌍하게(Compassion) 여기셨다. 이것이 대형교회 목회자들과 비교되는 모습이다.

에베소서 4장 32절에 보면 "서로 친절하게 하며 불쌍히 여기며 서로 용서하기를 하나님이 그리스도 안에서 너희를 용서하심과 같이 하라"고 하신다. 불쌍히 여길 수 있는 마음이 있을 때 우리는 치유의 역사를 경험할 수 있다. 정죄하지 말고 불쌍히 여기라. 불쌍히 여기는 마음이 바로 예수님의 마음이다.

하브루타 질문

1. 연약한 사람을 대하는 예수님의 마음은 어떤 마음이었습니까?

2. 우리는 연약한 사람들에게 어떤 마음으로 다가가야 합니까?

3. 큰 무리를 보는 한국교회 목회자와 예수님의 입장 차이를 설명하시오.

39-40. 믿는 자들에게 나타나는 표적은 무엇입니까?

마가복음 16:17-18

17 믿는 자들에게는 이런 표적이 따르리니 곧 그들이 내 이름으로 귀신을 쫓아내며 새 방언을 말하며
18 뱀을 집어올리며 무슨 독을 마실지라도 해를 받지 아니하며 병든 사람에게 손을 얹은즉 나으리라 하시더라 (막 16:17-18)

해설 복음을 믿는 사람은 죄 사함을 받는다. 복음을 믿는 사람은 구원 받는다. 복음을 믿는 사람은 하나님의 자녀가 된다. 복음을 믿는 사람은 영생을 얻는다. 복음을 믿는 사람은 천국을 소유한다.

그러나 복음을 믿는 사람은 내세적인 복만 받는 것이 아니다. 복음은 우리를 현세적인 능력을 나타나게 한다. 바로 표적이다. 대표적인 표적으로는 복음을 믿는 사람은 예수님의 이름으로 귀신을 쫓아내는 능력을 갖게 된다. 새 방언을 말한다. 뱀을 집어 올리며 무슨 독을 마실지라도 해를 받지 않는다. 병든 사람에게 손을 얹은즉 치유의 역사가 일어난다.

이 말씀은 실제로 뱀을 집으며 독을 마시라는 의미가 아니다. 이 두 가지 표적은 믿는 자들이 일반적으로 선교 중 직면하게 되는 박해에서 해를 받지 않고 보호받을 것임을 상징하는 말씀이다.

그러나 이 말씀이 주는 메시지는 복음의 능력에는 치유의 표적이 일어남을 분명하게 설명한다. 예수님께서 친히 병과 병자들을 치유하신 것처럼 오늘날도 복음을 믿는 사람들에게 이런 표적이 나타나고 있으며 또 일어나야 할 것이 분명하다. 이것이 바로 질병을 치유하는 복음의 능력이다.

하브루타 질문

1. 믿는 자에게 따르는 표적을 설명하시오.

2. '뱀을 집어올리며 무슨 독을 마실지라도 해를 받지 아니하며'라는 말씀의 의미는 무엇입니까?

3. 당신에게는 '믿는 자에게 주시는 치유의 은사'가 있습니까?

41-42. 예수님이 열두 제자에게 주신 능력과 권위는 무엇입니까?

누가복음 9:1-2

1 예수께서 열두 제자를 불러 모으사 모든 귀신을 제어하며 병을 고치는 능력과 권위를 주시고
2 하나님의 나라를 전파하며 앓는 자를 고치게 하려고 내보내시며 (눅 9:1-2)

해설 예수님은 전도의 현장으로 나가는 제자들에게 능력과 권위를 주셨다. 그것은 바로 모든 귀신을 제어하고, 병을 고치는 능력과 하나님 나라를 전파하며 앓는 자를 고치게 하기 위함이었다. 이렇듯 예수님은 전도의 현장에서 일어나는 현상들에 대해 확실한 준비를 하게 하신 것이다.

바로 모든 귀신을 제어하는 것, 하나님 나라를 전파하는 것, 그리고 병을 고치는 능력이다. 이 명령은 과거에만 존재하는 명령이 아니다. 구약의 명령이 아닌 신약의 명령이다. 따라서 우리 예수님을 믿는 사역자들은 그 능력과 권위를 회복해야 한다. 그리고 이 세상 속에서 실현해야 할 사명이다.

중요한 질문은 이런 능력과 권위가 지금도 유효한가 하는 것이다. 정답은 '그렇다'이다. 그 이유는 "예수 그리스도는 어제나 오늘이나 영원토록 동일하시니라"(히브리서 13:8)이다. 동일하신 예수님은 지금도 동일하게 역사하고 계시다. 따라서 치유의 역사는 지금도 분명하게 일어나고 있다는 사실이다.

하브루타 질문

1. 모든 귀신을 제어하는 능력을 주신 이유는 무엇입니까?

2. 병을 고치는 능력과 권위를 주신 이유는 무엇입니까?

3. 당신에게도 이런 능력과 권위가 있는지 설명하시오.

43. 예수님은 왜 나무에 친히 달리셨습니까?

베드로전서 2:24

24 친히 나무에 달려 그 몸으로 우리 죄를 담당하셨으니 이는 우리로 죄에 대하여 죽고 의에 대하여 살게 하려 하심이라 그가 채찍에 맞음으로 너희는 나음을 얻었나니 (벧전 2:24)

해설 이 말씀은 이사야 53장 5절 말씀의 성취이다. 바로 "그가 채찍에 맞으므로 우리는 나음을 받았도다"이다. 예수님은 실제로 채찍에 맞으셨고 그 결과로 우리는 나음을 얻은 것이다. '나음을 얻었다'는 말은 미래형이 아닌 과거형이다. 예수님이 채찍에 맞음으로 우리는 이미 나음을 입은 상태라는 사실이다.

우리는 질병에서 나음을 입은 존재이다. 그 사실을 믿어야 한다. 우리가 아파야 할 질병의 문제, 내적인 질병의 모든 문제에서 우리는 나음을 얻었다. 우리는 이미 치유함을 받은 것이다.

그럼 이 질병 앞에서 우리가 해야 할 것은 무엇인가? 믿음으로 선포하는 것이다. "내 질병은 예수님이 담당하셨다", "나는 나음을 얻었다", "나는 병에서 치유함을 받았다", "나는 건강하다", "나의 내적인 상처들도 예수님이 대신 짊어지셨다. 나는 이제 자유의 몸이다. 나는 주 안에서 행복하다"

하나님의 약속의 말씀을 믿고 선포할 때 역사가 일어난다. 기적이 일어난다. 제 자리를 못 잡고 여전히 머물러 있던 병마가 떠나간다. 귀신이 쫓겨난다. 베드로전서 2장 24절의 말씀을 입으로 선포하라. 치유의 기쁨이 찾아올 것이다.

하브루타 질문

1. 친히 나무에 달린 분은 누구시며 그가 하신 일은 무엇입니까?

---

2. 친히 나무에 달린 사건으로 우리가 얻게 되는 것은 무엇입니까?

---

3. '나음을 얻었다'고 과거형으로 말한 이유는 무엇입니까?

2-3 치유하시는 성령님(13절)

44-45. 하나님의 영이 내리신 목적은 무엇입니까?

이사야 61:1-2

1 주 여호와의 영이 내게 내리셨으니 이는 여호와께서 내게 기름을 부으사 가난한 자에게 아름다운 소식을 전하게 하려 하심이라 나를 보내사 마음이 상한 자를 고치며 포로된 자에게 자유를, 갇힌 자에게 놓임을 선포하며
2 여호와의 은혜의 해와 우리 하나님의 보복의 날을 선포하여 모든 슬픈 자를 위로하되 (사 61:1-2)

해설 하나님의 영이 임하면 180도의 반전이 일어난다. 가난한 자에게 아름다운 소식이 전해진다. 마음이 상한 자가 치유함을 받는다. 포로된 자에게 자유가 찾아온다. 갇힌 자에게 석방의 소식이 들려온다. 보복의 날이 선포된다. 슬픈 자가 위로를 받는다.

여기서 '보복의 날'이란 문자적으로 '원수를 갚는 날'이란 극단적인 단어이다. 메시야가 원수인 사탄의 세력을 물리치고 인류를 죄와 사망에서

구원하시는 날을 의미한다. 메시야의 사역은 단순히 죄 사함을 얻게 하는 데서 그치지 않고 죄로 말미암아 상처 입은 자들의 영과 육을 온전히 치유하는데 있다. 이렇게 아름다운 소식은 육적으로 억눌리고 고통 받는 자뿐만 아니라 감정적으로 슬픈 자들을 위로하는 자들에게도 전해진다.

그동안 죄는 우리를 억압해 왔다. 마음을 상하게 했고, 죄의 포로로 만들었고, 죄의 영향력으로 우리를 옥에 가둬버렸다. 우리는 절망했고 소망을 찾지 못했으며 어떻게 인생을 풀어 나가야 할지를 몰랐다.

그러나 주 여호와의 영이 내리시면 세상의 판도가 180도 달라진다. 마음이 상한 자들이 치유함을 받으며 모든 슬픈 자를 위로하시는 역사가 일어난 것이다. 이제 우리 모두는 자유를 선포해야 한다. 우리 모두는 은혜를 선포해야 한다.

하브루타 질문

1. 하나님의 영이 임하시면 어떤 결과가 나타납니까?

2. 아름다운 소식이란 어떤 소식입니까?

3. 보복의 날을 선포한다는 말씀의 의미는 무엇입니까?

46. 하나님이 예수님에게 성령과 능력을 부으신 후에 어떤 사역을 하셨습니까?

> **사도행전 10:38**
>
> 38 하나님이 나사렛 예수에게 성령과 능력을 기름 붓듯 하셨으매 그가 두루 다니시며 선한 일을 행하시고 마귀에게 눌린 모든 사람을 고치셨으니 이는 하나님이 함께 하셨음이라 (행 10:38)

해설 마귀(사탄)는 죄를 이용하여 우리를 계속 억눌러왔다. 우리를 속이고, 죽이고 멸망시키려고 했다. 이 말씀에서 마귀에게 눌린 모든 사람이라는 말씀이 있다. 마귀는 우리에게 언어, 심사, 행동을 훼방하여 발을 걸고 자꾸 넘어지게 하고 실수하게 하고 그 다음으로 억압한다. 마귀가 마음의 심신을 억압해서 자유를 빼앗고 우울하고, 탄식하고, 염려 근심의 노예가 되게 하고 나중에 제 정신이 아니도록 흔들어 놓는다. 결국 마음에 병이 들게 한다.

예수님은 두루 다니시면서 마귀에게 눌린 모든 자를 고쳐주셨다고 했다. 오늘날에도 마음이 눌린 사람은 다 고침을 받을 수 있다. 마귀에게 눌린 자를 자유하게 하는 것이 하나님의 뜻이다. 묶인 고통에서 해방을 얻을 수가 있다. 예수님은 어제나 오늘이나 영원토록 동일하시다.

지금도 마귀에게 고통 받고 있는 자들에게 자유를 주신다. 예수님을 믿고 구원받았는데도 여전히 마귀에게 눌림을 당하고 있는 사람이 있는가? 그렇다면 이 약속을 믿으라. 예수님께서 마귀에게 눌린 모든 사람을 다 고치셨음을 믿으라.

하브루타 질문

1. 왜 하나님이 예수님에게 성령과 능력을 기름 붓듯 하셨습니까?

2. '마귀에게 눌린 모든 사람'이 있다고 성경은 증언하고 있습니다. 마귀는 어떤 방법으로 사람들을 억압하고 누르는지 말씀해 보시오.

3. 성령과 능력을 받은 예수님이 하신 사역의 내용은 무엇입니까?

47. 진리의 성령이 하시는 일이 무엇입니까?

요한복음 16:13

13 그러나 진리의 성령이 오시면 그가 너희를 모든 진리 가운데로 인도하시리니 그가 스스로 말하지 않고 오직 들은 것을 말하며 장래 일을 너희에게 알리시리라 (요 16:13)

해설 진리의 성령이 오시면 우리 모든 그리스도인들을 진리(생명의 길) 가운데로 인도하신다. 사람들이 실족하는 이유는 마귀의 덫에 걸렸기 때문이다. 마귀는 지금도 우리를 잘못된 이론, 이간질, 악한 사상, 분열, 시기, 질투, 미움 등으로 인도하고 있다. 사리를 분별하지 못한 사람들은 마귀의 인도함을 받아 패망의 길로 들어서게 되었다. 마귀의 사명은 우리의 선한 것을 도둑질하고, 죽이고, 더 나아가 멸망시키려는 치밀한 계획을 갖고 있기 때문이다.

그러나 진리의 성령이 오시면 마귀가 인도하는 악한 길이 아닌 진리 가운데로 인도하신다. 요한복음 8장 32절에서 "진리를 알지니 진리가 너희를 자유롭게 하리라"고 말씀하신다. 진리의 길은 우리를 자유하게 한다.

성령은 진리의 영이다. 그리고 진리는 곧 하나님의 말씀이다. 성령은 우리를 하나님의 말씀으로 인도한다. 하나님의 말씀에는 생명의 성령의 법이 있기 때문이다. 하나님의 말씀을 붙들라. 하나님의 말씀을 마음에 새기라. 성령이 우리를 진리 가운데로 인도하실 것이다. 그곳에는 자유함이 있다. 그곳에는 기쁨이 있다.

하브루타 질문

1. 왜 성령을 진리의 성령이라고 하셨습니까?

2. 진리의 성령이 하시는 일이 무엇입니까?

3. 진리의 성령이 장래 일을 말씀하신다는 의미는 무엇입니까?

48-49. 그리스도 예수 안에 있는 자를 정죄할 수 없는 이유는 무엇입니까?

로마서 8:1-2

1 그러므로 이제 그리스도 예수 안에 있는 자에게는 결코 정죄함이 없나니
2 이는 그리스도 예수 안에 있는 생명의 성령의 법이 죄와 사망의 법에서 너를 해방하였음이라 (롬 8:1-2)

해설 당신은 예수님 안에 있는가? 중요한 질문이다. 이 질문 앞에 '예'라고 한다면 당신에게 기쁜 소식을 전하려 한다. 그리스도 예수님 안에 거한 자에게는 결코 '정죄함'이 있을 수 없다. 그 이유는 생명의 성령의 법이 죄와 사망의 법에서 당신을 해방하였기 때문이다.

사탄은 항상 당신을 정죄한다. "너 이런 죄를 지었지? 그럼 죄인이야", "너 예전에 이런 잘못을 했잖아. 그런데 네가 어떻게 의로운 척 할 수 있지?", "넌 원래 나쁜 사람이야. 너 같은 사람이 천국에 들어간다는 것은 말이 안 되지"라고 하면서 계속 사람을 곤경으로 몰고 간다. 사람들은 누구나 과거의 죄 앞에 당당하지 못하다는 것을 잘 아는 사탄은 계속 과거의 죄와 약점을 들먹거리며 마음을 무겁게 하고 '죄의식'을 심어준다.

그러나 누가 뭐라고 해도 절대로 걱정마라. 당신이 그리스도 예수님 안에만 있다면 어떤 누구도 당신을 정죄하지 못한다. 누가 당신을 정죄한다면 그건 100% 사탄의 작전이다. 당신을 의기소침하게 하고, 당당하지 못하게 하고, 죄의식 때문에 하나님과 원만한 관계를 형성하지 못하게 함으로 당신을 파멸시키려는 정체는 바로 사탄이다. 어떤 사람이 의로운 척하

면서 그런 말을 한다고 해도 그 사람의 배후에는 사탄이 도사리고 있음을 알아야 한다. 속지 말라. 아무리 의로워 보이는 말도 당신을 낙심시키고 파멸하는 것은 사탄의 전략임을 기억하라.

하브루타 질문

1. 그리스도 예수 안에 있을 때 정죄하지 못하는 이유는 무엇입니까?

2. 그리스도 예수 안에 무엇이 있나요?

3. 그리스도 예수 안에 있는 방법은 무엇입니까?

50-51. 성령의 은사는 무엇입니까?

고린도전서 12:9,28

9 다른 사람에게는 같은 성령으로 믿음을, 어떤 사람에게는 한 성령으로 병 고치는 은사를
28 하나님이 교회 중에 몇을 세우셨으니 첫째는 사도요 둘째는 선지자요 셋째는 교사요 그 다음은 능력을 행하는 자요 그 다음은 병 고치는 은사와 서로 돕는 것과 다스리는 것과 각종 방언을 말하는 것이라 (고전 12:9,28)

해설 성령의 은사는 실로 다양하다. 믿음의 은사, 방언의 은사, 각종 은사들이 다 포함되어 있다. 그 가운데 '병 고치는 은사'가 주요사역 중의 하나임을 기억하라. 병 고치는 것은 옵션이 아니다. 성령의 은사이며 능력이다. 따라서 성령이 역사하시는 곳에는 병을 고치는 은사가 나타남을 볼 수 있다.

병은 인간이 짊어지고 가야 할 가장 큰 문제이고 고통이다. 누구나 병에서 자유로울 사람은 없다. 지금 이 시각에도 수많은 사람들이 병원에서 신음하고 있다. 수많은 사람들이 병으로 인해 패가망신하고, 스스로 목숨을 끊으려 하고, 아파하고, 고통스러워한다.

뿐만 아니라 내적인 질병에 걸려 신음하는 사람도 적지 않다. 겉으로는 잘 보이지 않지만 사람들은 내적인 질병으로 인해 고통스러워한다. 전문의의 상담도 받아보고, 전문가의 의견도 들어보지만 누구도 근원적인 치유를 할 수 있는 사람은 없다.

인류의 의사는 오직 하나님이시다. 하나님 앞에 나오면 모든 죄 사하고

모든 고통에서 자유하게 하신다. 하나님을 믿으라. 그리고 그가 보내신 성령의 은사를 힘입으라.

하브루타 질문

1. 성령이 각 사람에게 주시는 은사는 무엇입니까?

2. 성령의 은사와 직분의 관계를 설명하시오.

3. 나에게 어떤 성령의 은사가 있는지 설명하시오.

52-53. 성령의 열매는 무엇입니까?

갈라디아서 5:22-23

22 오직 성령의 열매는 사랑과 희락과 화평과 오래 참음과 자비와 양선과 충성과
23 온유와 절제니 이같은 것을 금지할 법이 없느니라 (갈 5:22-23)

해설 성령의 아홉 가지 열매는 아홉 가지 각각의 항목이 아니라 사실은 하나이다. 그 하나가 무엇인가? 성령의 열매가 추구하는 것은 예수 그리스도의 인격을 닮는 것, 바로 그것이다. 예수님의 인격을 닮는 그 하나의 열매에 아홉 가지 양상이 펼쳐지는 것이다. 따라서 우리가 추구해야 할 것은 성령의 아홉 가지 열매 각각의 것이 아니라 오직 한 가지이다.

"너희 안에 이 마음을 품으라 곧 그리스도 예수의 마음이니"(빌 2:5) 바로 이 말씀에서 제시하고 있는 '그리스도 예수의 마음'을 품는 것, 즉 예수님의 인격을 닮는 것이 이 땅의 모든 그리스도인이 추구해야 할 단 하나의 목표이자 맺어야 할 하나의 열매이다.

성령의 열매가 이처럼 예수님의 인격을 닮는 것 한 가지로 점철되는 한편, 또 다른 특징은 관계 지향적이라는 것이다. 사도 바울은 갈라디아서 5장에서 성령의 아홉 가지 열매를 열거한 후에 그 말씀의 결론을 이렇게 맺고 있다. "만일 우리가 성령으로 살면 또한 성령으로 행할지니 헛된 영광을 구하여 서로 노엽게 하거나 서로 투기하지 말지니라"(갈 5:22-26)

따라서 성령으로 내적치유를 입은 사람들은 성령의 열매를 맺게 된다는 사실이다. 내적인 질병을 갖고 있을 때에는 전혀 찾아볼 수 없었던 열매들

이 내적치유를 받은 후에 나타나게 된다. 이제 우리는 치유에 머무를 것이 아니라 성령의 열매로 나아가는 건강한 성령주의자가 되어야 할 것이다.

하브루타 질문

1. 성령의 아홉 가지 열매를 설명하시오.

2. 성령의 열매의 특징을 설명하시오.

3. 그리스도인들이 성령의 열매를 맺지 못한다면 그 이유는 무엇입니까?

54. 우리를 구원하신 하나님의 마음은 무엇입니까?

> **디도서 3:5**
>
> 5 우리를 구원하시되 우리가 행한 바 의로운 행위로 말미암지 아니하고 오직 그의 긍휼하심을 따라 중생의 씻음과 성령의 새롭게 하심으로 하셨나니 (딛 3:5)

해설 '의로운 행위'는 의의 요소와 범위 안에서 행한 의로운 행위로서, 의의 참된 행위를 가리킨다. 심지어 그러한 의의 참된 행위라 할지라도 우리의 구원의 근거와 조건이 되기에는 충분하지 않다. 오직 하나님의 긍휼로 받은 중생의 씻음과 성령의 새롭게 하심으로만 우리는 구원받을 수 있다.

중생의 씻음은 우리의 거듭나는 것으로 시작하여 하나님의 새 창조의 과정, 곧 우리를 새사람으로 만드는 과정인 성령의 새롭게 하심으로 계속된다. 그것은 생명을 사용하여 진행하는 일종의 고치는 것, 다시 만드는 것, 또 개조하는 것이다. 세례(침례), 옛사람을 벗는 것, 새사람을 입는 것, 내적치유, 그리고 생각을 새롭게 함으로 변화를 받는 것은 모두 이 놀라운 과정과 관련이 있다.

우리 모두는 중생의 씻음으로 우리는 옛사람의 옛 본성에 속한 모든 것이 씻어지고, 성령의 새롭게 하심으로 새사람의 요소가 우리 존재 안으로 분배된다. 이 안에서 우리의 옛 상태는 완전히 새로운 상태로 변화되었고, 옛 창조에서 새 창조의 신분으로 바뀌었다. 그러므로 중생의 씻음과 성령의 새롭게 하심은, 모두 새 창조가 완성될 때까지 우리 전 생애를 통하여 계속적으로 우리 안에서 역사하고 있다.

하브루타 질문

1. 우리를 구원하신 조건은 무엇입니까?

2. 그의 긍휼하심이 무엇인지를 설명하시오.

3. 구원의 정의인 중생의 씻음과 성령의 새롭게 하심을 설명하시오.

55-56. 우리의 몸은 무엇이며 누구의 것입니까?

고린도전서 6:19-20

19 너희 몸은 너희가 하나님께로부터 받은 바 너희 가운데 계신 성령의 전인 줄을 알지 못하느냐 너희는 너희 자신의 것이 아니라
20 값으로 산 것이 되었으니 그런즉 너희 몸으로 하나님께 영광을 돌리라
(고전 6:19-20)

해설 이 말씀은 우리의 몸에 대한 새로운 시각을 보여주고 있다. 1)우리의 몸은 하나님께로부터 온 것이다. 2)우리의 몸은 성령이 계시는 집(전)이다. 3)우리의 몸은 내 자신의 것이 아니라 하나님이 값으로 산 것이므로 하나님의 것이다. 4)우리 몸의 용도는 하나님께 영광을 돌리기 위한 것이다.

우리의 몸을 건강하게, 아름답게 가꾸는 일이 중요하다. 왜냐하면 하나님의 것이기 때문이다. 그러나 그보다 중요한 것은 우리 몸은 성령이 계시는 전이란 것이다. 그러므로 성령이 편히 계시도록 하고 근심하게 해서는 안 된다. 하나님이 벌써 값을 지불했기 때문에 내 것이 아니라 하나님의 것이란 것을 잊어서는 안 된다. 이 모든 일을 통해 우리의 몸으로 하나님께 영광을 돌리는 것이 우리 몸이 해야 할 사명이다. 우리는 우리의 몸을 돌보는 청지기인 것을 잊지 말아야 할 것이다.

이제 우리는 구원받은 하나님의 자녀로서 우리의 몸으로 하나님께 영광을 돌리는 삶을 살아야 한다. 이전까지 우리는 자신의 몸과 마음의 상처로 허덕이며 주체하지 못하던 사람이었지만 예수 그리스도로 말미암아 새로

워지고 더 나아가 하나님께 영광을 돌리는 삶으로 승화되어야 할 것이다.

하브루타 질문

1. 구원받은 우리의 몸은 누구의 것인가요?

2. 우리 몸을 가리켜 성령의 전이라는 의미가 무엇입니까?

3. 우리의 몸을 통해 어떻게 성령의 전을 이루어 가야 합니까?

2-4 말씀치유의 근거(21절)

57-58. 우리를 치유하시는 하나님의 근거는 무엇입니까?

시편 34:18-19

18 여호와는 마음이 상한 자를 가까이 하시고 충심으로 통회하는 자를 구원하시는도다
19 의인은 고난이 많으나 여호와께서 그의 모든 고난에서 건지시는도다
(시 34:18-19)

해설 상한 마음이란 철저히 산산조각으로 마음이 부서지고, 파멸되고, 눈물 흘릴 수밖에 없는 상태, 자신은 아무것도 할 수 없는 상태, 모든 일에 있어서 마음이 떨어져 아무 것도 할 수 없는 마음이다. 그때 아무도 자신을 도와 줄 수 없고, 위로 할 수 없는 상황이지만 자신은 철저히 낮아지고, 더욱더 겸손해진다. 그때 가만히 자포자기의 상태로 있는 것이 아니라 하나님의 인자하신 긍휼의 손길을 구해야 한다. 그 상황에 하나님께서는 마음이 상한 자와 함께 하신다. 상한 마음을 가진 자는 자기 자신

의 무능함을 깨닫게 되고, 하나님께 충심으로, 진심으로, 간절하게 회개하며, 주님의 도우심을 철저하게 간구한다. 그런 자를 하나님께서는 버려두시지 않으시고, 그들을 붙잡아 주시며 그들을 구원하여 주신다. 낙심한 자에게 새로운 힘과 소망을 주시며, 그 분을 더욱 영화롭게 하는 자로 세워주신다. 마음이 상한 자를 하나님께서는 그들과 가까이 하시기 위해 기다리고 계시며 그들을 붙들어 주시고 구원하여 주신다.

하브루타 질문

1. 하나님이 가까이 하시고 구원하시는 사람은 어떤 사람입니까?

2. 마음이 상하고 충심으로 통회하는 자를 구원하시는 이유는 무엇입니까?

3. 하나님은 나에게 어떤 하나님이십니까?

59. 우리를 향한 하나님의 생각은 무엇입니까?

예레미야 29:11

11 여호와의 말씀이니라 너희를 향한 나의 생각을 내가 아나니 평안이요 재앙이 아니니라 너희에게 미래와 희망을 주는 것이니라 (렘 29:11)

해설 거짓 선지자들은 계속해서 거짓 예언으로 포로생활 중인 유다 백성들을 미혹했다. 곧 고국으로 돌아갈 것이므로 귀환을 준비하라는 것이 그들의 선포내용이었다. 그러나 하나님은 "그들에게 미혹되지 말며 너희가 꾼 꿈도 곧이듣고 믿지 말라"(8절)며 경계하셨다. 헛된 꿈을 부추기는 거짓 선지자들에 대해서는 "내가 그들을 보내지 아니 하였어도 그들이 내 이름으로 거짓을 예언했다"(9절)며 질책하셨다.

거짓 선지자들은 거짓 희망과 헛된 꿈을 부추기지만 하나님의 말씀은 선하고 진실하시며 재앙이 아니라 평안이요 체념이나 절망이 아니라 참된 미래와 희망이다. 거짓 선지자의 말은 참이 아니므로 당연히 성취되지 않지만 하나님의 예언은 반드시 이뤄져 택하신 백성의 평안이 되고 또 미래와 희망이 된다.

세상에 대한 전망과 예측들이 다 비관적이고 어둡다. 그러나 우리는 우울한 세상 소리보다는 하나님의 말씀과 예언에 귀 기울이는 사람들이다. 지금 우리에게 가장 절실한 것은 평안과 희망이다.

하브루타 질문

1. 우리를 향한 하나님의 생각은 무엇입니까?

2. 거짓 선지자들의 특징은 무엇입니까?

3. 어렵고 비관적인 세상에서 우리가 하나님의 말씀에 의지해야 하는 이유는 무엇입니까?

60. 예수님이 오신 목적은 무엇입니까?

요한복음 10:10

10 도둑이 오는 것은 도둑질하고 죽이고 멸망시키려는 것뿐이요 내가 온 것은 양으로 생명을 얻게 하고 더 풍성히 얻게 하려는 것이라 (요 10:10)

해설   ※ 헬라어 본문

① 호 클렢테스 우크 에르케타이 에이 메 히나 클렢세: 그 도적이 오는 것은 그가 도적질하기위해 오는 것만이 아니라
② 카이 뒤세 : 역시 죽이려고,(뒤오/희생제사하다)
③ 카이 아폴레세 : 그리고 파괴하려고,(멸망시킨다)
④ 에고 엘돈 히나 조엔 에코신 : 나는 그들이 생명을 가지게 하기 위하여 왔다
⑤ 카이 페리쏜 에코신 : 역시 흘러넘치게 그들이 가지도록

사탄과 예수님의 목적은 전혀 다르다. 사탄의 목적은 도둑질뿐만 아니라 죽이고 파괴하는 것이 목적이다. 반면, 예수님이 오신 목적은 생명을 살리고 흘러넘치게 하는 것이 예수님이 오신 목적이다.

하브루타 질문

1. 도둑이 오는 3가지 목적을 설명하시오.

2. 도둑의 최종 목적은 무엇입니까?

3. 예수님이 오신 목적이 무엇인지 설명하시오.

61. 예수님이 주시는 평안의 특징은 무엇입니까?

요한복음 14:27

27 평안을 너희에게 끼치노니 곧 나의 평안을 너희에게 주노라 내가 너희에게 주는 것은 세상이 주는 것과 같지 아니하니라 너희는 마음에 근심하지도 말고 두려워하지도 말라 (요 14:27)

해설 많은 사람들은 성령이 내주하거나 충만한 증거로서 마음이 뜨거워지는 현상을 말하거나, 방언, 예언, 방언 통역 등의 각종 은사를 말하고 있다. 그러나 감정의 상태는 분위기에 따라 쉽게 동조될 수 있으며, 각종 은사도 악한 영들이 얼마든지 속일 수 있다. 그러므로 분별력이 없다면 이들에게 속기 십상이다. 우리네 교회주변에는 은사를 받았다는 사람들이 많지만, 그들의 성품이 변화하지 못하고 성령의 열매가 없는 사람들이 허다하다. 그러므로 성경적인 증거나 열매가 없다면 그것은 자의적이거나 악한 영에게 속고 있다고 보아야 한다.

　평안은 성령이 주시는 가장 손꼽히는 증거이다. 하나님이 주시는 평안은 욕구가 충족되고 소원을 이루었을 때 얻어지는 평안과 다르다. 세상이 주는 평안은 오래 지속되지 않지만, 성령이 주는 평안은 샘솟듯이 솟아나는 평안이다. 성령이 주시는 평안은 환경이 아무리 암울하든지 혹은 심각한 문제로 가득 차 있든지, 온갖 부정적인 요소들이 삶을 누르더라도 유지되는 평안이다. 즉 환경을 바라보면 절대로 평안할 수가 없는데 왠지 모르게 평안하다. 이런 평안이 바로 성령이 주시는 평안이다.

하브루타 질문

1. 세상이 주는 평안이란 어떤 특징이 있습니까?

2. 예수님이 주시는 참된 평안의 특징이 무엇입니까?

3. 우리가 마음에 근심하거나 두려워하지 말아야 하는 이유는 무엇입니까?

62. 예수님 안에서 평안을 누리는 비결은 무엇입니까?

요한복음 16:33

33 이것을 너희에게 이르는 것은 너희로 내 안에서 평안을 누리게 하려 함이라 세상에서는 너희가 환난을 당하나 담대하라 내가 세상을 이기었노라 (요 16:33)

해설 때때로 우리는 삶이 행복하고 고통이 없어야 한다고 생각한다. 그러나 성경은 그렇게 가르치고 있지 않는다. 믿는 자들에게 있어서 이 세상은 좋은 때와 나쁜 때 모두를 통해 영적으로 발전하는 장소이다. 즉 훈련의 장소이다. 훈련은 어렵고 때로는 고통을 동반한다. 그러나 그 훈련은 우리를 영적으로 성장하게 하는 것임에 분명하다.

예수님은 제자들에게 삶에서 무엇을 기대해야 하는지를 사실적으로 이렇게 설명하셨다. "세상에서는 너희가 환난을 당하나 담대하라 내가 세상을 이기었노라" 우리가 삶의 축복이나 상처를 접하게 될 때, 우리는 하나님께서 자신의 주권적인 계획에 따라 지휘하고 계신다고 하는 평온한 마음을 가질 수 있다. 주님이 주시는 평안, 환경에 굴복되지 않는 평안을 당신은 소유하고 있는가? 그렇다면 당신은 진정한 그리스도인이다.

하브루타 질문

1. 환난 속에서 평안을 누리는 방법은 무엇입니까?

---

2. 우리가 궁극적으로 담대할 수 있는 이유는 무엇입니까?

---

3. 당신은 환경에 굴복하지 않는 평안을 소유하고 있습니까?

63-64. 성경의 목적은 무엇입니까?

디모데전서 3:16-17

16 모든 성경은 하나님의 감동으로 된 것으로 교훈과 책망과 바르게 함과 의로 교육하기에 유익하니
17 이는 하나님의 사람으로 온전하게 하며 모든 선한 일을 행할 능력을 갖추게 하려 함이라 (딤전 3:16-17)

해설 우리는 성경 66권이 무오하신 하나님의 말씀으로 믿는다. 동시에 "천지는 없어질지언정 내 말은 없어지지 아니하리라"(마24:35)는 말씀도 믿는다. 그러나 하나님의 말씀은 존재하기 위해 존재하는 것이 아니다. 하나님의 말씀은 시대와 환경을 떠나 우리를 유익하게 만드는 하나님의 말씀이다.

성경에는 4가지의 목적이 있다. 1)교훈, 2)책망, 3)바르게 함, 4)의로 교육하기에 유익함이다. 교훈과 책망, 바르게 함, 의로 교육하는 것이 성경의 목적이다. 이 중에 어느 하나도 아프지 않은 것이 없다. 교훈을 듣는 것도 쉽지 않은 것이고, 책망을 듣는 것은 아픈 일이고, 바르게 함은 고통을 수반하는 것이며, 의로 교육하는 것은 인간의 본능에 역행하는 교육이기에 매우 힘들다.

내적치유는 과거의 문제를 토하고 해결하는 것으로 끝나지 않는다. 진정한 내적치유는 하나님의 말씀인 성경으로 교훈과 책망을 받고, 바르게 하는 교정과정을 거쳐 의로 교육하는 과정을 통해 이루어진다.

하브루타 질문

1. 모든 성경의 저자는 누구입니까?

2. 성경의 4가지 기능을 설명하시오.

3. 하나님의 사람으로 온전하게 되는 목적은 무엇입니까?

65-68. 생명의 근원은 어디에 있습니까?

> **잠언 4:20-23**
>
> 20 내 아들아 내 말에 주의하며 내가 말하는 것에 네 귀를 기울이라
> 21 그것을 네 눈에서 떠나게 하지 말며 네 마음 속에 지키라
> 22 그것은 얻는 자에게 생명이 되며 그의 온 육체의 건강이 됨이니라
> 23 모든 지킬 만한 것 중에 더욱 네 마음을 지키라 생명의 근원이 이에서 남이니라 (잠 4:20-23)

해설 사람이 하나님의 지혜를 깨닫는 곳은 바로 마음이다. 마음은 하나님의 지혜를 가장 효과적으로 분출하는 수단이 된다. 잠언 기자는 마음을 지키는 구체적인 방법에 대해 제시한다.

여기서 우리는 마음을 온전히 살펴야 한다는 중요한 교훈을 얻는다. 왜냐하면, 마음을 지키는 것이야말로 하나님의 지혜를 이 세상 속에서 제대로 실행할 수 있는 근간이 되기 때문이다. 마음을 지키지 못한 사람은 마음의 병을 얻게 된다. 내적질병이 발생한 사람들의 특징은 마음을 지키지 못한 결과라는 사실이다.

세상에는 지켜야 할 것이 참으로 많다. 건강, 재산, 가족 등등, 그러나 그 무엇보다도 근본적으로 지켜져야 할 것은 마음이다. 영원과 관련된 자신의 영혼이다. 세상은 계속해서 우리를 유혹하고 부추기며, 돈에, 명예에 불의한 것들에 영혼 팔기를 요구한다. 그러나 무릇 지킬 만한 것 중 특히 자신의 마음을 지키며 다스리고 절제해야 할 것이다.

하브루타 질문

1. '내 말에 주의하며 귀를 기울이라'는 말의 내용은 무엇입니까?

2. 이 말씀에서 '그것'은 도대체 무엇입니까?

3. 세상의 어떤 것보다 마음을 지키는 것이 더 중요한 이유는 무엇입니까?

69-71. 고난을 당할 때 우리는 어떻게 해야 합니까?

야고보서 5:13-15

13 너희 중에 고난 당하는 자가 있느냐 그는 기도할 것이요 즐거워하는 자가 있느냐 그는 찬송할지니라
14 너희 중에 병든 자가 있느냐 그는 교회의 장로들을 청할 것이요 그들은 주의 이름으로 기름을 바르며 그를 위하여 기도할지니라
15 믿음의 기도는 병든 자를 구원하리니 주께서 그를 일으키시리라 혹시 죄를 범하였을지라도 사하심을 받으리라 (약 5:13-15)

해설 하나님은 자신을 치료하는 여호와라고 우리에게 소개하셨다. (출 15:26) 우리가 병 낫기를 위하여 하나님께 기도하는 것은 우리의 특권이다. 그러나 이 구절에는 조건이 있다.

"이르시되 너희가 너희 하나님 나 여호와의 말을 들어 순종하고 내가 보기에 의를 행하며 내 계명에 귀를 기울이며 내 모든 규례를 지키면 내가 애굽 사람에게 내린 모든 질병 중 하나도 너희에게 내리지 아니하리니 나는 너희를 치료하는 여호와임이라"(출 15:26)라는 조건이 분명히 제시되어 있다. 하나님의 말씀을 준행하고 하나님이 보시기에 의를 행하는 것이다.

또 하나님의 계명에 귀를 기울이고 하나님의 규례를 지키면 애굽 사람에게 내린 질병의 하나도 임하지 않을 것이라고 약속하셨다. 그래서 병 낫기를 위하여 기도할 때 진정한 회개가 필요한 것이다. 믿음의 기도는 역사하는 힘이 있어서 병에서 건져주실 것이다. 우리가 믿음이 없어서 응답을 못 받을 때가 많은 것이다.

첫째는 병들지 않도록 건강과 생명관리를 잘 하는 것이 중요하다. 건강법칙을 지키는 것은 생명관리법을 잘 수행하는 것이다. 우리는 영육 간에 생명관리를 올바르게 해야 한다. 그럼에도 병이 들 수 있다. 세상은 병이 만연한 곳이기 때문이다.

둘째로 병 낫기를 위하여 간절히 기도해야 할 것이다. 병이 든 이유를 생각하며 진정한 회개로 주님 앞에 굴복해야 할 것이다.

하브루타 질문

1. 우리에게 고난이 왔을 때 해야 할 일은 무엇입니까?

---

2. 우리에게 즐거운 일이 찾아 왔을 때 해야 할 일은 무엇입니까?

---

3. 우리 또는 우리 주변에서 병이 찾아왔을 때 우리가 해야 할 일은 무엇입니까?

72-75. 하나님을 의지하고 바라는 방법은 무엇입니까?

시편 62:5-8

5 나의 영혼아 잠잠히 하나님만 바라라 무릇 나의 소망이 그로부터 나오는도다
6 오직 그만이 나의 반석이시요 나의 구원이시요 나의 요새이시니 내가 흔들리지 아니하리로다
7 나의 구원과 영광이 하나님께 있음이여 내 힘의 반석과 피난처도 하나님께 있도다
8 백성들아 시시로 그를 의지하고 그의 앞에 마음을 토하라 하나님은 우리의 피난처시로다 (셀라) (시 62:5-8)

해설 힘들고 어려울 때는 매 순간이 고통이고 근심이고 걱정이다. 더구나 그 근심과 걱정을 만들어내는 주체가 시도 때도 없이 괴롭히는 사람이라면 정말 순간순간이 힘들고 어렵다. 다윗의 원수도 그랬다. 집요하게 끊임없이 다윗을 괴롭히고 죽이려고 하였다. 그래서 다윗이 겪어야 했던 순간순간의 어려움을 짐작할 수 있다.

그러나 그 어려운 때에 다윗은 시시로 그를 의지하였다. 매 순간 어렵기에 더 의지하였고 더 매달렸다. 그렇게 하나님을 매 순간 의지하며 그 어려운 순간을 이겨내었던 것이다. 우리를 우겨 싼 어려움이 심하면 심할수록 매 순간 두려움과 무서움과 근심 걱정이 찾아올 수 있다 그때 시시로 하나님을 의지해야 한다. 하나님은 우리의 방패요 요새요 피난처이기에 언제든지 피하여 안식을 누리며 어려움을 극복해 낼 수 있는 것이다.

시시로 하나님을 인정하고 하나님을 의지하라. 그리고 하나님 앞에 마

음을 토하라. 우리의 마음을 아시는 하나님 앞에 마음을 토하며 고하라. 마음에 담은 생각과 원망을 다 토하라. 그것이 매 순간 다가오는 어려움을 이겨낼 방법이다.

하브루타 질문

1. 나의 영혼이 잠잠히 하나님을 바라야 하는 이유는 무엇입니까?

2. 하나님은 나에게 어떤 존재이십니까?

3. 하나님 앞에 마음을 토하라는 말씀의 의미를 설명하시오.

76-77. 마음의 단장은 어떻게 해야 합니까?

> **베드로전서 3:3-4**
>
> 3 너희의 단장은 머리를 꾸미고 금을 차고 아름다운 옷을 입는 외모로 하지 말고
> 4 오직 마음에 숨은 사람을 온유하고 안정한 심령의 썩지 아니할 것으로 하라 이는 하나님 앞에 값진 것이니라 (벧전 3:3-4)

해설 이 말씀은 육신의 단장을 하지 말라는 것이 아니다. 육신의 단장으로 끝내서는 안 된다는 것이다. 마음에 단장하는 것이다. 마음에 단장하는 것이 가장 아름다운 단장이다. 특히 여자들은 육신의 단장에는 많은 시간과 돈을 투자하지만 마음의 단장에는 인색할 수 있기 때문이다.

17세기 영국에서 경건운동인 '퀘이커敎' 운동이 일어났다. 그들은 전통적인 형식을 부정하고 '내면의 빛'을 따르며 영적인 체험과 선행을 강조했다. 영국에서 이 운동이 한창 일어날 때 나이보다 훨씬 젊게 보이는 퀘이커교의 귀부인이 "어떻게 자신을 가꿔 그런 매력을 지니게 되었느냐?"는 질문을 받고 다음과 같이 대답했다.

"저는 입술을 위해 진리를, 음성을 위해 기도를, 눈을 위해 긍휼을, 손을 위해 자선을, 몸가짐을 위해 정직을, 마음을 위해 사랑을 사용했습니다."

아름다운 신앙의 자세이다. 베드로 사도는 권면한다. 외모로 치장하지 말고 마음을 온유한 심령으로 하라고 하셨다. 속사람이 아름다운 사람이 진정 아름다운 사람이다.

하브루타 질문

1. 우리를 단장하는 방법은 무엇입니까?

2. 오직 마음에 숨은 사람이란 누구를 의미합니까?

3. 온유하고 안정한 심령의 썩지 아니할 방법은 무엇입니까?

2-5 말씀치유를 위한 결단(32절)

78-80. 각 사람이 시험에 빠지는 이유는 무엇입니까?

> 야고보서 1:13-15
>
> 13 사람이 시험을 받을 때에 내가 하나님께 시험을 받는다 하지 말지니 하나님은 악에게 시험을 받지도 아니하시고 친히 아무도 시험하지 아니하시느니라
> 14 오직 각 사람이 시험을 받는 것은 자기 욕심에 끌려 미혹됨이니
> 15 욕심이 잉태한즉 죄를 낳고 죄가 장성한즉 사망을 낳느니라 (약 1:13-15)

해설 여기서 시험은 유혹(temptation)이다. 고난과 시련의 시험(test)과는 다른 시험이다. 그래서 하나님은 친히 아무도 시험하지 아니 하신다. 그런데 사람들은 하나님이 사람을 시험에 빠뜨린다고 불평을 한다.

"왜 그럼 선악과를 만들어서 따먹게 만들었는가?", "왜 사탄을 만들어 아담이 미혹되게 만들었는가?" "왜 하나님은 개입하지 않으시고 가만히 계셨는가?" 모든 원인을 하나님의 탓으로 돌리는 원망이 있다.

그러나 그 원인은 사람들 마음속에 있는 욕심 때문이다. 욕심의 특징은

시간이 지나면서 점점 커지고 강해진다는 것이다. 현재 교도소에 수감되어 있는 재소자들의 대부분은 욕심을 제어하지 못한 결과로 형벌을 받고 있는 것이다. 그러나 교도소의 재소자들만 욕심을 제어하지 못한 것이 아니다. 욕심은 예비 재소자인 우리 모두에게 적용된다. 더 나아가 고상하고 훌륭한 인격을 지닌 교회 지도자들도 여지없이 무너뜨린다. 한국교회에서 가장 존경을 받던 목사님들이 줄줄이 무너진 것 역시 욕심을 제어하지 못했기 때문이다.

결국 사람들에게 가장 큰 시험은 욕심으로 인한 시험이다. 수많은 범죄 사건 배후에는 욕심이 도사리고 있다. 욕심을 제어하기란 불을 제어하는 것 이상으로 힘들고 고통스럽다. 사탄은 이런 사람들의 심리를 알고 접근해 죽이고 멸망시키려 한다.

하브루타 질문

1. 유혹의 시험과 시련의 시험의 차이를 설명하시오.

2. 사람이 시험을 받아 쓰러지는 이유는 무엇입니까?

3. 욕심의 결과는 무엇입니까?

81-85. 우리가 겸손히 회개해야 하는 이유는 무엇입니까?

> **누가복음 13:1-5**
>
> 1 그 때 마침 두어 사람이 와서 빌라도가 어떤 갈릴리 사람들의 피를 그들의 제물에 섞은 일로 예수께 아뢰니
> 2 대답하여 이르시되 너희는 이 갈릴리 사람들이 이같이 해 받으므로 다른 모든 갈릴리 사람보다 죄가 더 있는 줄 아느냐
> 3 너희에게 이르노니 아니라 너희도 만일 회개하지 아니하면 다 이와 같이 망하리라
> 4 또 실로암에서 망대가 무너져 치어 죽은 열여덟 사람이 예루살렘에 거한 다른 모든 사람보다 죄가 더 있는 줄 아느냐
> 5 너희에게 이르노니 아니라 너희도 만일 회개하지 아니하면 다 이와 같이 망하리라(눅 13:1-5)

해설 찰스 비어드(Charles A. Beard)는 1874년 미국 인디애나 주의 나이츠타운에서 태어났으며, 1948년에 코네티컷의 뉴헤이번(New Haven)에서 사망했다. 그는 미국 정치제도의 발전 과정에 대해 반기를 든 역사학자이면서도 현실개혁가였다. 하루는 찰스 비어드에게 기자들이 물었다. "박사님, 당신은 평생토록 역사를 연구해오셨는데 깨달은 것을 요약하면 무엇입니까?" 그랬더니 찰스 비어드 박사는 네 가지 진리로 간추릴 수 있다고 했다.

첫째, 하나님이 어떤 나라나 인물을 멸하시고자 하는 때는 반드시 그 사람이나 나라가 자기 자랑, 자기 의지, 자기 교만에 빠질 때 망하더라는 것이다.

둘째, 하나님의 심판의 맷돌은 아주 천천히 돌아간다는 것이다. 그래서 사람들이 잘 의식하지 못한다. 하나님이 심판의 맷돌을 아주 천천히 돌리시지만, 마지막에 가서는 의는 의로, 불의는 불의로, 선은 선으로, 악은 악으로 드러나게 하신다.

셋째, 하나님의 계획과 의는 반드시 이루어진다는 것이다. 벌은 꽃이 만들어 놓은 꿀을 탈취하지만 꿀을 빼앗아가면서 동시에 꽃가루를 옮겨 수정이 되게 하고 열매를 맺게도 하신다. 하나님은 이 모든 것을 통해서 하나님의 선한 역사를 이루어 가신다는 것이다.

넷째, 어두움이 깊을수록 별이 또렷하게 보이고 별이 보이면 날이 곧 밝아온다는 것이다.

하브루타 질문

1. 지금 이 순간도 고난과 죽임을 당하는 사람들은 우리보다 더 죄가 많기 때문입니까?

2. 우리가 망하지 않기 위해 결단해야 할 것은 무엇입니까?

3. 하나님의 공의는 죄인에 대해 어떻게 하십니까?

86. 나의 죄를 자백하면 하나님은 어떻게 하십니까?

요한일서 1:9

9 만일 우리가 우리 죄를 자백하면 그는 미쁘시고 의로우사 우리 죄를 사하시며 우리를 모든 불의에서 깨끗하게 하실 것이요 (요일 1:9)

해설 하나님은 종종 우리들의 죄를 깨닫게 하시려고, 우리들에게 혼이 나갈 정도의 감당하기 어려운 근심거리를 제공하신다. 그것은 하나님께서 우리를 정결하게 하시고 우리에게 복을 주시고 우리를 형통케 하기 위함이다. 만약 우리에게 큰 어려움이 있다면, 먼저 하나님 앞에서 자백해야 할 죄는 없는지 자신을 살피고, 죄가 있다면 하나님 앞에 그 죄를 자백하고 하나님의 용서를 구하라. 그러면 하나님은 용서 하시고 우리들을 돌아보아 주실 것이다.

분명한 사실은 하나님은 좋으신 하나님이라는 사실이다. 우리가 우리 죄를 자백하면 하나님은 우리 죄를 사하시며 모든 불의와 아픔, 그리고 상처를 깨끗하게 치유하실 것이다. 내적치유를 받길 원한다면 하나님 앞에 회개할 것을 회개하고 자백할 것은 자백하여 깨끗하게 하심을 입어야 할 것이다.

하브루타 질문

1. 우리가 우리 죄를 자백하면 하나님은 어떻게 하십니까?

2. 우리 죄를 자백하는 방법은 무엇입니까?

3. 회개와 자백의 차이를 설명하시오.

87-88. 회개할 때 버려야 할 것은 무엇입니까?

에스겔 18:30-31

30 주 여호와의 말씀이니라 이스라엘 족속아 내가 너희 각 사람이 행한 대로 심판할지라 너희는 돌이켜 회개하고 모든 죄에서 떠날지어다 그리한즉 그것이 너희에게 죄악의 걸림돌이 되지 아니하리라
31 너희는 너희가 범한 모든 죄악을 버리고 마음과 영을 새롭게 할지어다 이스라엘 족속아 너희가 어찌하여 죽고자 하느냐 (겔 18:30-31)

해설 뒤늦게 교회를 다니게 된 한 남자가 있었다. 한 친구가 그의 변화된 생활이 궁금해 물었다. "예수를 믿고 나니 어떤가? 삶에 어떤 변화가 일어났는가?" "예수님이 구원자라는 것을 확실히 믿게 되었네, 그리고 과거에 내가 얼마나 큰 죄인이었는지도 깨닫게 됐지." "그래? 그렇다면 변화된 지금은 죄를 짓지 않겠군?" "그렇지는 않네, 나는 지금도 많은 죄를 짓고 있네, 그 사실 때문에 가끔 힘들 때가 있네."

친구는 이상하다는 듯이 다시 물었다. "죄인인 사람이 변화되었는데도 죄인이라니? 이것은 모순이 아닌가?" "예전에도 죄를 범했고, 지금도 죄를 범하고 있네, 하지만 예전엔 죄를 범하며 점점 죄 속으로 끌려가는 느낌이었다면 요즘은 죄를 범하면서도 점점 죄에서 빠져나오고 있는 기분이네, 이것이 예수를 믿고 생긴 변화라네."

우리 죄를 주님께 자백하고 회개할 때, 주님은 책망하지 않고 오히려 우리를 돌보아 주신다. 우리에게 죄성이 있음을 알고 계시기 때문이다. 그러므로 우리는 죄에 대한 죄책감보다는 주님의 은혜에 더욱 감사하면서

거룩한 삶을 사모해야 할 것이다. 모든 죄악을 벗어버리라. 그리고 마음과 영을 새롭게 하라.

하브루타 질문

1. 하나님은 어떤 하나님이십니까?

---

2. 우리가 죄를 범하고 회개하지 않으면 어떤 결과를 얻게 됩니까?

---

3. 우리의 마음과 영을 새롭게 하는 방법은 무엇입니까?

---

89. 주의 목전(目前)에서 쫓겨났을지라도 우리는 어떻게 해야 합니까?

요나 2:4

4 내가 말하기를 내가 주의 목전에서 쫓겨났을지라도 다시 주의 성전을 바라보겠다 하였나이다 (욘 2:4)

해설 하나님께서 주신 사명에 불순종한 요나가 물고기 뱃속에서 회개의 기도를 드리는 내용이다. 주의 목적에서 쫓겨났을지라도 다시 주의 성전을 바라보겠다는 것은 하나님을 향해 달려오겠다는 고백이며 결단이다.

한국교회는 하나님이 주신 사명을 잊어버렸다. 한국교회는 분명 타락했고 목회자들은 영적으로 죽어가고 있다. 물량주의에 중독되었고 돈과 명예에 사로잡혀 타락했다. 목회자들은 자신들이 가진 성경지식을 가지고 '하나님의 뜻'이라는 미명 아래 범죄하고 있다. 교회를 화려하게 짓는 행위는 분명 하나님 앞에 범죄이다. 각종 질병이나 전염병은 하나님의 심판에 대한 경고이다. 앞으로 어떤 질병이나 전염병이 찾아올 지 아무도 모른다. 이 모두는 한국교회와 성도들이 하나님의 말씀에 순종하지 않은 죄의 결과 때문이다.

예레미야 29:17-18절에서 하나님은 "만군의 여호와께서 이와 같이 말씀하시되 보라 내가 칼과 기근과 전염병을 그들에게 보내어 그들에게 상하여 먹을 수 없는 몹쓸 무화과 같게 하겠고 내가 칼과 기근과 전염병으로 그들을 뒤따르게 하며 그들을 세계 여러 나라 가운데에 흩어 학대를 당하게 할 것이며 내가 그들을 쫓아낸 나라들 가운데에서 저주와 경악과

조소와 수모의 대상이 되게 하리라"고 말씀하셨다. 우리 모두는 회개해야 한다.

하브루타 질문

1. 요나는 지금 왜 이렇게 기도하고 있습니까?

2. 다시 주의 성전을 바라보겠다는 결단의 의미는 무엇입니까?

3. 우리를 다시 회복시키는 유일한 방법은 무엇입니까?

90-92. 나의 죄를 어떻게 회개해야 합니까?

> **시편 51:5-7**
>
> 5 내가 죄악 중에서 출생하였음이여 어머니가 죄 중에서 나를 잉태하였나이다
> 6 보소서 주께서는 중심이 진실함을 원하시오니 내게 지혜를 은밀히 가르치시리이다
> 7 우슬초로 나를 정결하게 하소서 내가 정하리이다 나의 죄를 씻어 주소서 내가 눈보다 희리이다 (시 51:5-7)

해설 우슬초(hyssop)는 관절염 등에 효과가 있다고 한다. 그러나 성경(시편 51편)에서는 그 정결하게 함에 초점을 둔다. 하나님께서 우슬초로 씻으시면 내가 눈보다 희게 되리라. 우리를 깨끗하게 하는 것은 무엇인가?

첫째로, 그리스도 예수의 보혈이다. 이는 짐승의 피로 깨끗하게 할 수 없는 인간의 죄를 온전히 깨끗이게 하는 하나님의 아들 예수님의 보혈이다. 예수님의 보혈은 십자가에서 당하신 고통을 의미한다. 십자가에서 이루신 구속(redemption)은 우리를 대신했고(substitutional) 우리를 위한(vicarious) 것이었다. 예수는 우리를 대신해서 죽으셨고 우리를 위하여 죽으셨다.

둘째로, 하나님의 말씀이 우리를 깨끗하게 한다. 세상의 철학도 지식도, 기술의 발전도 우리의 마음을 정결하게 하지 못하지만 하나님의 말씀은 우리 마음의 골수를 쪼갠다. 하나님의 말씀이 파하지 못하는 강퍅한 마음은 없다.

셋째로, 우리 안에 계시고 우리와 함께 하시는 성령이 우리를 정결하게 한다. 성령의 불은 마음의 더러운 생각을 모두 태운다. 우리는 성령으로 거룩하게 되어 거룩하신 하나님의 사람이 되어 하나님의 일을 하게 된다.

하브루타 질문

1. 우리가 가장 인정하기 어려운 것이 바로 '나는 죄인'이라는 사실입니다. 그 이유는 무엇입니까?

2. 그러나 시편기자는 자신이 죄인임을 철저히 통회하고 있습니다. 죄인이 정결하게 되는 방법은 무엇입니까?

3. 우슬초의 의미는 무엇이며 어떻게 적용할 수 있습니까?

93-96. 탕자의 비유에서 우리가 배워야 할 자세는 무엇입니까?

> **누가복음 15:17-20**
>
> 17 이에 스스로 돌이켜 이르되 내 아버지에게는 양식이 풍족한 품꾼이 얼마나 많은가 나는 여기서 주려 죽는구나
> 18 내가 일어나 아버지께 가서 이르기를 아버지 내가 하늘과 아버지께 죄를 지었사오니
> 19 지금부터는 아버지의 아들이라 일컬음을 감당하지 못하겠나이다 나를 품꾼의 하나로 보소서 하리라 하고
> 20 이에 일어나서 아버지께로 돌아가니라 아직도 거리가 먼데 아버지가 그를 보고 측은히 여겨 달려가 목을 안고 입을 맞추니 (눅 15:17-20)

해설 탕자는 모든 것을 탕진한 후에야 비로소 아버지의 집이 좋은 줄을 알았다. 그러나 탕자는 아는 것에 머물지 않았다. 그의 이전의 삶은 타락 그 자체였지만 그가 스스로 아버지의 집으로 돌아가기로 결단한 것에 주의해야 한다. 17절은 이렇게 말한다. "스스로 돌이켜" 이 결단이 탕자를 사랑하는 아들로 회복시킨 것이다.

탕자는 비로소 하늘과 아버지께 죄를 지었다는 사실을 깨달았다. 허랑방탕할 때는 전혀 깨닫지 못한 비밀이었다. 이제 그는 모든 것을 아버지 손에 의탁하기로 결정하고 스스로 아버지께로 돌아오기로 결단한다. 중요한 사실은 아버지는 아들을 기다리고 계셨다는 사실이다.

하브루타 질문

1. 탕자의 비유에서 우리가 배워야 할 것은 무엇입니까?

2. 여기서 '일어나'라는 단어에는 어떤 의미가 있는지 설명하시오.

3. 아버지는 아들의 귀환에 어떤 반응을 보이셨습니까?

97-99. 비판과 정죄를 하지 말아야 하는 이유는 무엇입니까?

누가복음 6:35-37

35 오직 너희는 원수를 사랑하고 선대하며 아무 것도 바라지 말고 꾸어 주라 그리하면 너희 상이 클 것이요 또 지극히 높으신 이의 아들이 되리니 그는 은혜를 모르는 자와 악한 자에게도 인자하시니라
36 너희 아버지의 자비로우심 같이 너희도 자비로운 자가 되라
37 비판하지 말라 그리하면 너희가 비판을 받지 않을 것이요 정죄하지 말라 그리하면 너희가 정죄를 받지 않을 것이요 용서하라 그리하면 너희가 용서를 받을 것이요 (눅 6:35-37)

해설 빌 게이츠(Bill Gates)는 이렇게 말했다. "화목하지 않은 가정에서 태어난 건 죄가 아니지만 당신의 가정이 화목하지 않은 건 당신의 잘못이다. 실수는 누구나 여러 번 할 수 있지만 같은 실수를 반복하면 그건 못난 사람이다. 때론 노력해도 안되는 게 있지만 노력조차 안 해 보고 정상에 오를 수 없다고 말하는 사람은 폐인이다. 가는 말을 곱게 했다고 오는 말도 곱기를 바라지 말라. 다른 사람이 나를 이해해 주기를 바라지도 말라. 시작도 하기 전에 결과를 생각하지 말라. 다른 사람이 나를 어떻게 보는 지 생각 말라. 다른 사람을 평가하지도 말라."

부자가 될 사람의 특징을 정리해보면 다음과 같다. 먼저 마음이 자비하다는 것이다. 다른 사람을 원망하지 않는다. 마음이 넓다. 다른 사람들의 이해나 알아주는 것을 바라지 않는다. 다만 자신의 일에 충실할 뿐이다. 다른 사람을 비판하지 않는다. 오히려 자신을 비판하고 개선점을 찾는다.

다른 사람을 정죄하거나 판단하지 않는다. 그것은 시간과 에너지를 낭비하는 어리석은 행동이기 때문이다. 내적치유를 받으려면 먼저 자비로운 사람이 되라. 자비로운 사람이 되면 자신을 치유할 수 있을 뿐만 아니라 다른 사람까지 치유할 수 있게 된다.

하브루타 질문

1. 예수님은 원수에 대해 어떻게 하라고 하셨습니까?

2. 우리가 자비로운 사람이 되어야 하는 이유는 무엇입니까?

3. 비판과 정죄를 멈춰야 하는 이유는 무엇입니까?

100. 인내하는 사람이 회복되는 이유는 무엇입니까?

야고보서 5:11

11 보라 인내하는 자를 우리가 복되다 하나니 너희가 욥의 인내를 들었고 주께서 주신 결말을 보았거니와 주는 가장 자비하시고 긍휼히 여기시는 이시니라 (약 5:11)

해설 우물을 잘 파기로 소문이 난 업자가 있었다. 다른 사람이 그만둔 곳에서도 그는 곧잘 우물을 파냈다. 사람들은 그의 능력을 신기하게 여겼다. 하루는 어떤 사람이 그에게 물었습니다. "당신은 어쩌면 그렇게 우물을 잘 팝니까?"

그러자 그는 이렇게 대답했다. "나는 우물을 파는 데 실패한 경우가 없습니다. 그래서 다른 사람이 실패한 곳에 곧잘 불려 다니지요. 내가 우물을 잘 파는 비결은 딱 하나입니다. 다른 사람은 물이 나올 곳을 골라서 파다가 안 나오면 포기하지만, 나는 아무 곳이라도 물이 나올 때까지 팝니다."

인내는 운명을 극복하는 힘이며, 승리의 지름길이다. 인내는 자신을 복된 길로 인도하는 지름길이다. 사람들이 실패하는 이유는 인내하지 않기 때문이다. 인내는 모든 분야에서 가장 강력하고 효과적인 열매를 약속한다. 인내 없이 얻을 수 있는 것은 없다. 인내 없이 좋은 것을 얻을 방법은 없다. 말씀치유도 마찬가지이다. 다음의 말씀을 기억하자. "인내는 연단을, 연단은 소망을 이루는 줄 앎이로다"(롬 5:4)

하브루타 질문

1. 인내하는 자가 복된 이유는 무엇입니까?

2. 욥이 인내한 결과는 무엇이었으며 하나님은 인내한 욥에게 어떤 복을 주셨습니까?

3. 인내의 결과로 얻을 수 있는 것은 무엇입니까?

101. 기도할 때 용서해야 하는 이유는 무엇입니까?

마가복음 11:25

25 서서 기도할 때에 아무에게나 혐의가 있거든 용서하라 그리하여야 하늘에 계신 너희 아버지께서도 너희 허물을 사하여 주시리라 하시니라 (막 11:25)

해설 기도자에게 꼭 필요한 것은 '용서'하는 것이다. 아무리 기도해도 응답받지 못하는 이유가 무엇인가? 아무에게나 혐의가 있음에도 용서하지 않기 때문이다. 아무리 유창한 언어로 기도하고, 중요한 기도를 한다 할지라도 용서가 없으면 응답은커녕 하나님의 용서조차 받지 못한다.

말씀치유에서도 가장 중요한 결단은 용서이다. 용서 없이 기도응답은 없다. 용서 없이 내적치유도 없다. 내적치유의 가장 중요한 시점은 용서를 시작할 때이다. 내면의 자유를 누리고 싶은가? 과거의 굴레에서 벗어나 새로운 꿈을 향해 달려가고 싶은가? 그렇다면 용서하라.

용서는 선택사항이 아니다. 종종 주위에서 듣는 말 중에 가장 섬뜩한 말 중에 "난 절대 용서 못해!"이다. 그 심정이야 이해할 수 있지만 용서하지 않으면 손해를 보는 측은 상대방이 아니라 바로 당신이다. 잘못을 저지른 사람은 아주 가끔 그 문제를 생각하면서 미안해 하지만(어떤 사람은 아예 잘못을 잊고 지낸다) 용서해야 할 사람은 온통 그 문제에 사로잡혀 자신을 죽이고 있기 때문이다.

하브루타 질문

1. 우리가 우리에게 죄지은 사람을 용서해야 하는 이유는 무엇입니까?

2. 우리가 용서하라는 말씀에 순종할 때 얻을 수 있는 것은 무엇입니까?

3. 말씀치유를 받기 위해 가장 중요한 것은 무엇입니까?

102-103. 피차 용서해야 하는 이유는 무엇입니까?

골로새서 3:13-14

13 누가 누구에게 불만이 있거든 서로 용납하여 피차 용서하되 주께서 너희를 용서하신 것 같이 너희도 그리하고
14 이 모든 것 위에 사랑을 더하라 이는 온전하게 매는 띠니라 (골 3:13-14)

해설 하나님의 용서는 큰 용서이다. 하나님의 용서는 무한대 용서이다. 하나님의 용서는 무조건적인 용서이다. 이런 하나님의 은혜가 있기에 우리는 구원받았고 하나님을 "아빠 아버지"라고 부를 수 있게 된 것이다.

그렇다면 하나님의 큰 용서를 받은 우리에게는 용서해야 할 사명이 있다. 하나님의 용서같이 큰 용서도 아니고, 무한대적인 용서도 아니고, 무조건적인 용서가 아닐지라도 우리는 최선을 다해 용서해야 한다. 그 이유는 주님이 우리를 용서하셨기 때문이다.

그러나 용서가 쉽지 않다는 것은 누구나 공감하는 사실이다. 그럼 우리는 왜 용서하기가 어려울까? 그 이유는 사랑이 없기 때문이다. 용서할 때에는 사랑이 있어야 한다. 그 사랑은 우리가 하나님의 도움을 구할 때 발생한다. 사실 우리의 힘과 노력으로 용서하고 사랑하기에는 역부족이다.

그래서 우리는 이렇게 기도해야 한다. "주여 사랑의 마음을 주옵소서. 그리고 예수님이 주신 평강이 제 마음을 주장하게 하옵소서. 그래서 사랑하는 마음으로 용서할 수 있게 하옵소서!"라고 기도하라. 용서하는 순간 우리의 마음에는 내적치유의 불빛이 빛나기 시작할 것이다.

하브루타 질문

1. 피차 용서해야 하는 이유는 무엇입니까?

2. 성경은 서로 용납하고 피차 용서하라고 하는데 우리 모두가 용납하지 못하고 용서하지 못하는 이유는 무엇입니까?

3. 그리스도인들이 한 번 싸우면 화해하지 못하고 영원한 적(敵)이 된다고 하는데 그 이유는 무엇입니까?

104. 원수를 괴롭게 하는 방법은 무엇입니까?

로마서 12:20

20 네 원수가 주리거든 먹이고 목마르거든 마시게 하라 그리함으로 네가 숯불을 그 머리에 쌓아 놓으리라 (롬 12:20)

해설 원수(怨讐)를 사랑하라는 예수님의 말씀은 인류 최대의 진리이며 명언이다. 세상은 원수에 대해 반드시 본때를 갚아주어야 할 대상으로 여기지만 예수님은 원수를 사랑하라고 하셨다. 내적치유를 경험하기 위해선 원수를 사랑하고 필요한 것을 제공할 정도의 넓은 마음을 가지고 있어야 한다. 그것이 진정으로 원수를 갚는 하나님의 방법이다.

사람들은 자신이 좋아하지 않는 사람에 대해선 정죄하고 비판하며 은근히 깎아내리려 한다. '그 사람을 가까이 하지 않는 것이 좋아요', '그 사람에겐 좋지 않은 소문이 있더군요', '그 사람은 자기 이득에 혈안이 된 사람이에요', '그 사람은 배은망덕한 사람이에요'라고 말한다. 그렇게 말하는 사람의 마음은 이미 사탄에게 사로잡혀 있다는 것을 증명하는 것이다.

사탄은 대놓고 비판하지 않는다. 은근히, 뒷담화의 방법을 통해 정죄한다. 은근히 험담하여 사회 또는 교회에서 매장시키려 한다. 은근히, 그리고 뒷담화로 상대방을 정죄하는 것이 사탄의 전략적인 방법이다. 사탄은 언제나 정공법을 쓰지 않고 뒷담화 같은 방법으로 사람들을 매장시키려 한다.

그러나 예수님은 하나님의 자녀 된 우리에게 이렇게 말씀하신다. "오직 너희는 원수를 사랑하고 선대하며 아무 것도 바라지 말고 꾸어 주라 그리하면 너희 상이 클 것이요 또 지극히 높으신 이의 아들이 되리니 그는 은혜를 모르는 자와 악한 자에게도 인자하시니라"(눅 6:35) 어느 것이 옳은 것인가?

하브루타 질문

1. 우리 그리스도인들이 원수에게 해야 할 행동은 무엇입니까?

2. 우리가 원수를 선대할 때 원수에게는 어떤 심경의 변화가 일어납니까?

3. 예수님은 원수를 사랑하라고 하셨는데 왜 우리는 원수를 사랑하라는 말씀에 순종하지 못하는지 그 이유를 설명하시오.

105-106. 하루 일곱 번이라도 용서해야 합니까?

누가복음 17:3-4

3 너희는 스스로 조심하라 만일 네 형제가 죄를 범하거든 경고하고 회개하거든 용서하라
4 만일 하루에 일곱 번이라도 네게 죄를 짓고 일곱 번 네게 돌아와 내가 회개하노라 하거든 너는 용서하라 하시더라 (눅 17:3-4)

해설 용서의 매뉴얼이다. 용서는 쉬운 일이 아니지만 예수님은 하루에 일곱 번이라도 용서하라고 말씀하신다. 내 의지로 하면 할 수 없다. 한 번은 몰라도 두 번 이상 잘못하면 지난 잘못까지 생각나고 나를 무시하는 것 같아 용서하기가 더 어려워진다.

그래서 우리는 예수님의 명령에 순종해야 한다. 절대로 용서할 수 없지만, 용서하기가 너무 어렵지만 예수님의 명령이기에 순종하는 것이다. 놀라운 것은 순종 후의 기쁨이다. 억지로라도 순종하고 나면 그때부터 예수님께서 순종하라고 하신 명령의 의도를 이해할 수 있게 된다.

용서하지 않는 것은 다양한 잡초가 자라도록 비옥한 땅을 내주는 것과 같다. 그것은 인간관계를 파괴하는 근원이다. 내적 질병에 걸리는 원인이 된다. 예수님은 이런 사실을 잘 아시기에 용서하라고 명령하신다. 사탄의 포로가 되지 않게 하시기 위해 용서하라고 하신다. 용서하는 것은 손해를 보는 것이 아니다. 오히려 이익을 보는 것이다.

하브루타 질문

1. 성경은 반복하여 용서하고 또 용서하라고 합니다. 그 이유는 무엇입니까?

2. 일곱 번 죄를 지어도 일곱 번 용서하라는 말씀의 의미는 무엇입니까?

3. 원수를 용서할 때 하나님이 주시는 약속과 혜택은 무엇입니까?

107-109. 하나님의 기뻐하시는 금식은 무엇입니까?

이사야 58:6-8

6 내가 기뻐하는 금식은 흉악의 결박을 풀어 주며 멍에의 줄을 끌러 주며 압제 당하는 자를 자유하게 하며 모든 멍에를 꺾는 것이 아니겠느냐
7 또 주린 자에게 네 양식을 나누어 주며 유리하는 빈민을 집에 들이며 헐벗은 자를 보면 입히며 또 네 골육을 피하여 스스로 숨지 아니하는 것이 아니겠느냐
8 그리하면 네 빛이 새벽 같이 비칠 것이며 네 치유가 급속할 것이며 네 공의가 네 앞에 행하고 여호와의 영광이 네 뒤에 호위하리니 (사 58:6-8)

해설 이 말씀은 금식을 하지 말라는 말씀이 아니다. 그러나 금식을 빌미로 자신의 종교생활에 충실했다고 자부하면서 악한 행동을 서슴지 않는 종교인들을 향한 하나님의 경고이다.

지금도 총회, 노회, 시찰, 지방회 등에서 감투와 자리를 얻기 위해 악하고 유치한 행동을 서슴지 않는 수많은 종교인들을 향한 하나님의 경고이다. 파벌을 만들어 세력을 만들고, 감투와 돈을 얻기 위해 비열한 짓을 하면서도 선한 표정으로 강단에 올라 자신의 욕심을 채우려는 악한 종교인들에 대한 경고이다.

하나님께서 기뻐하시는 금식은 단순히 자기의 필요를 위한 금식이 아니다. 하나님께서 기뻐하시는 삶을 실천하는 것이다. 그럴 때 하나님께서 기뻐하시고 함께하시며 즐거이 우리의 간구에 귀를 기울이신다. 매인 자, 약한 자를 돌보는 우리를 통해 하나님의 나라는 세워져 갈 것이다. 사랑

을 실천하는 우리를 통해 무너진 그리스도인의 신망이 회복될 것이다. 또 하나님의 빛이 비침으로 육신의 질병과 내적인 질병들이 치유되는 역사가 일어날 것이다.

하브루타 질문

1. 하나님이 기뻐하시는 금식은 무엇입니까?

2. 우리가 이 말씀에 순종하지 못하는 이유를 설명하시오.

3. 우리가 하나님의 말씀에 순종할 때 하나님이 주시는 복은 무엇입니까?

110. 속사람이 강건해지는 방법은 무엇입니까?

에베소서 3:16

16 그의 영광의 풍성함을 따라 그의 성령으로 말미암아 너희 속사람을 능력으로 강건하게 하시오며 (엡 3:16)

해설 사람은 겉사람과 속사람 두 가지 요소로 이루어져 있다. 겉사람이란 눈에 보이는 육체를 말하고 속사람이란 눈에 보이지 않는 마음과 영을 의미한다. 겉사람은 땅에서 나서 땅으로 돌아가고 속사람은 하나님에게서 와서 하나님께로 돌아간다. 또 겉사람은 눈으로 볼 수 있고 손으로 만질 수 있지만, 속사람은 육안으로 볼 수 없다. 겉사람은 70~100여 년 존속하다 썩어지지만 속사람은 영원토록 존속한다. 그럼에도 불구하고 흔히 사람들은 당장 눈에 보이는 육신에 많은 관심을 갖고 육신중심으로 육신의 소욕을 따라간다. 속사람의 중요성을 인지하지 못하기 때문이다.

본문에서 사도 바울은 무릎을 꿇고 성도들의 속사람을 강건하게 해달라고 하나님께 기도하고 있다. 육신에 있는 자들은 하나님을 기쁘시게 할 수도 없고,(롬 8:8) 육신의 생각은 하나님과 원수가 되기 때문이다.(롬 8:7) 그러므로, 육신을 따라 육신대로 살면 반드시 죽을 것이로되 영으로써 몸의 행실을 죽이면 산다는 말씀을 잊지 말아야 하겠다.(롬 8:13)

속사람이 강건해야 육의 힘을 이기고 영적으로 승리할 수 있을 뿐만 아니라 모든 유혹과 시험을 물리치고 고난을 이길 수 있다. 우리도 속사람 중심으로 살자. 그리고 속사람의 강건을 위해 말씀을 암송하고 기도하자.

하브루타 질문

1. 속사람과 겉사람의 차이를 설명하시오.

2. 속사람을 강건하게 한다는 것이 어떤 것인지 설명하시오.

3. 속사람이 강건하기 위하여 우리가 취해야 할 결단은 무엇입니까?

111-112. 강하고 담대해야 할 이유는 무엇입니까?

여호수아 1:6-7

6 강하고 담대하라 너는 내가 그들의 조상에게 맹세하여 그들에게 주리라 한 땅을 이 백성에게 차지하게 하리라
7 오직 강하고 극히 담대하여 나의 종 모세가 네게 명령한 그 율법을 다 지켜 행하고 우로나 좌로나 치우치지 말라 그리하면 어디로 가든지 형통하리니 (수 1:6-7)

해설 하나님은 우리가 강하고 담대한 마음을 갖기 원하신다. 강하고 담대한 것은 하나님의 몫이 아닌 우리의 몫이다. 세상은 악하고 우리의 심령을 상하게 하기 때문에 우리는 하나님의 말씀 '강하고 담대하라'는 말씀에 순종해야 한다.

하나님이 사용하시는 사람의 특징은 심지(心志)가 견고한 사람이었다. 우리가 사랑하는 말씀인 이사야 26장 3절은 이렇게 말씀한다. "주께서 심지가 견고한 자를 평강하고 평강하도록 지키시리니 이는 그가 주를 신뢰함이니이다"

동시에 우리가 반드시 기억해야 할 말씀이 있다. 그것은 좌로나 우로나 치우치지 말라는 것이다. 좌편향도 하지 말고 우편향도 하지 말라고 하신다. 진보 좌파도 되지 말고 보수 우파도 되지 말라는 말씀이다. 우리는 종종 한 쪽으로 치우치는 것을 정당화시키는 경향이 있다. 또 특정 정당의 이론에 편승하거나 정치판에 기웃거리면서 상대방을 공격하곤 한다. 그것은 하나님의 뜻이 아니다.

그리스도인이란 하나님의 말씀을 지켜 행하는 사명을 부여받은 사람들이다. 하나님이 주신 사명을 감당하는데도 삶의 시간이 부족하다. 가이사의 것은 가이사에게, 하나님의 것은 하나님에게 드려야 한다. 정치는 정치인들의 몫이고 그리스도인들은 하나님이 주신 말씀을 삶의 현장에서 실천하는데 집중해야 한다.

하브루타 질문

1. 왜 하나님은 우리에게 '강하고 담대하라'고 말씀하십니까?

2. 율법을 다 지켜 행하라는 말씀의 의미를 설명하시오.

3. 우로나 좌로나 치우치지 말라는 말씀의 의미를 설명하시오.

> 토요일

2-6 말씀치유의 초대(11절)

113-115. 예수님은 우리를 어떻게 쉬게 하십니까?

마태복음 11:28-30

28 수고하고 무거운 짐 진 자들아 다 내게로 오라 내가 너희를 쉬게 하리라
29 나는 마음이 온유하고 겸손하니 나의 멍에를 메고 내게 배우라 그리하면 너희 마음이 쉼을 얻으리니
30 이는 내 멍에는 쉽고 내 짐은 가벼움이라 하시니라 (마 11:28-30)

해설 호주의 기업에 근무하는 젊은 직장인에게 기자가 물었다. "당신의 인생의 목표는 무엇입니까?" 그러자 그 청년은 아무런 서슴없이 이렇게 대답했다. "예, 제 인생의 목표는 매주 지불해야 하는 집세(Rent fee)를 밀리지 않고 제 때 내는 것입니다"

호주의 직장인들은 월급이 아닌 주급을 받는다. 매주 주급을 받으면 그들은 제일 먼저 생활비 대부분을 차지하는 집세를 낸다. 집세를 낸 후 그 외 생필품을 구입하면 그 주간의 업무가 끝나는 것이다. 결국 이 젊은이는

평생 집세라는 멍에에서 벗어나지 못할 것이다. 이렇듯 사람들은 누구나 무거운 짐을 지고 살아가고 있다.

이런 인생을 아신 예수님은 "내게로 오라 내가 너희를 쉬게 하리라"고 말씀하신다. 과연 예수님께 가기만 하면 무거운 짐을 벗어버릴 수 있을까? 그렇다. 인생의 무거운 짐을 벗어버릴 수 있으며 쉼을 얻는 인생이 된다. 당신은 예수님을 믿고 따라갈 용의가 있는가? 예수님의 초대에 응할 용의가 있는가? 그렇게 결단했다면 지금 당장 예수님을 따라가라.

하브루타 질문

1. 사람들은 어떤 상태에 머물고 있습니까?

2. 예수님은 '내가 너희를 쉬게 하리라'고 하셨는데 그 의미는 무엇입니까?

3. 예수님의 멍에의 특징은 무엇입니까?

116-118. 하나님의 초청에 응한 사람들의 은혜는 무엇입니까?

이사야 55:1-3

1 오호라 너희 모든 목마른 자들아 물로 나아오라 돈 없는 자도 오라 너희는 와서 사 먹되 돈 없이, 값없이 와서 포도주와 젖을 사라
2 너희가 어찌하여 양식이 아닌 것을 위하여 은을 달아 주며 배부르게 하지 못할 것을 위하여 수고하느냐 내게 듣고 들을지어다 그리하면 너희가 좋은 것을 먹을 것이며 너희 자신들이 기름진 것으로 즐거움을 얻으리라
3 너희는 귀를 기울이고 내게로 나아와 들으라 그리하면 너희의 영혼이 살리라 내가 너희를 위하여 영원한 언약을 맺으리니 곧 다윗에게 허락한 확실한 은혜이니라 (사 55:1-3)

해설 이사야는 이스라엘 백성들에게 더 이상 방황하지 말고 영원한 구원과 생명을 부여할 수 있는 언약의 하나님께 돌아오도록 강력히 호소하고 있다. 하나님께서 약속하신 축복은 값을 지불할 필요가 없이 그냥 은혜로 주어지는 선물이다. 왜냐하면 하나님께서 이미 독생자의 죽음을 통하여 무한한 값을 지불해 놓으셨기 때문이다. 이사야는 이 사실을 물뿐만 아니라 생필품인 포도주와 우유를 거저 나누어 주는 비유를 들어 설명한다.

본문에는 '오라' 라는 초청이 여러 번 나온다. '들으라'는 명령은 두 번 나온다. 이러한 사실로 볼 때 복의 수납여부는 피 초청자의 자발적 응답에 근거함을 알 수 있다. 하나님은 사람을 스스로가 선택하고 책임질 수 있는 인격적 존재로 만드셨다. 따라서 하나님의 형상으로 창조된 인간은 존엄

하며 하나님과 교제할 수 있는 것이다.

하브루타 질문

1. 하나님의 초청의 조건은 무엇입니까?

2. 우리는 양식이 아닌 것을 위해 은을 달아주고, 배부르게 하지 못할 것을 위해 수고하는 인생입니다. 참된 인생을 사는 방법이 무엇입니까?

3. 다윗에게 허락한 확실한 은혜는 무엇이며 이 은혜의 자리로 나아가는 방법은 무엇입니까?

119. 하나님의 초청에 응한 사람의 죄는 어떻게 해결됩니까?

이사야 1:18

18 여호와께서 말씀하시되 오라 우리가 서로 변론하자 너희의 죄가 주홍 같을지라도 눈과 같이 희어질 것이요 진홍 같이 붉을지라도 양털 같이 희게 되리라 (사 1:18)

해설 하나님께서는 "이제 와라 우리가 서로 변론하자"라고 말씀을 하신다. 한국어 성경에서 '변론하자'라고 번역한 말씀의 뜻은 "분명히 하자", "명증하자", "이치를 따지자", "논하자"라는 말씀이다.

그럼 이 초대의 의미는 무엇인가? 하나님께로, 주님께로, 하나님의 진리의 말씀으로, 인간 세계의 보편적인 진리성으로, 삶의 원리로, 주님의 보혈로 방향 전환을 하는 사람, 선행과 선과 긍휼과 사랑을 배우고 터득하며 정의를 체득하고 인식하며 삶을 영위하면서 실행하는 사람, 그와 같은 사람들을 주님의 보혈로 씻어 주시고 깨끗하게 하시는 것이다. 하나님께서 그런 사람들에게 "너희의 죄가 주홍 같을지라도 눈과 같이 희어질 것이요 진홍 같이 붉을지라도 양털 같이 희게 되리라"고 말씀을 하신다. 모든 상처, 과거의 아픈 기억들, 왜곡된 성격, 죄악에 탐닉한 삶 등이 치유 받고 회복될 것이다.

하브루타 질문

1. 하나님께서 와서 변론하자는 이유는 무엇입니까?

   ---

2. 하나님과 변론한 후에 우리의 죄는 어떻게 된다고 하셨습니까?

   ---

3. 우리가 진정 회복되고 치유되는 방법이 어디에 있습니까?

120-122. 하나님을 힘써 알 때 어떤 은총이 임하게 됩니까?

호세아 6:1-3

1 오라 우리가 여호와께로 돌아가자 여호와께서 우리를 찢으셨으나 도로 낫게 하실 것이요 우리를 치셨으나 싸매어 주실 것임이라
2 여호와께서 이틀 후에 우리를 살리시며 셋째 날에 우리를 일으키시리니 우리가 그의 앞에서 살리라
3 그러므로 우리가 여호와를 알자 힘써 여호와를 알자 그의 나타나심은 새벽 빛 같이 어김없나니 비와 같이, 땅을 적시는 늦은 비와 같이 우리에게 임하시리라 하니라 (호 6:1-3)

해설 본문에서 호세아 선지자는 이스라엘 백성들에게 다음과 같이 호소하고 있다. 3절, "우리가 여호와를 알자. 힘써 여호와를 알자." 여기서 "여호와를 알자"고 할 때의 '안다'는 말은 히브리어로 '다아트'인데, 이 말은 '야다'라는 말에서 유래되었다.

일반적으로 지식에는 두 가지가 있다. 하나는 생각으로 또는 머리로 아는 지식이다. 우리의 지성적 능력과 이성적 기능을 발휘하여 판단하고 분석하고 논리적으로 받아들여 아는 지식이다.

또 하나는 경험으로 아는 지식이다. 직접 눈으로 보아서 알고, 손으로 만져서 알고, 자신이 부딪쳐보고서 아는 체험적 지식이다. 이 중에서 성경이 말하는 지식은 후자의 것이다. 그럼 하나님을 힘써 앎으로 어떤 결과를 얻을 수 있는가? 여호와께로 돌아와 여호와를 힘써 알면 은총을 부어주시는 하나님이 아침의 새벽빛같이 일정하게 우리를 도우러 오실 것이며 가

몸의 단비처럼 우리의 메마른 삶을 풍성하게 하며 모든 것이 회복되도록 역사해 주신다는 사실이다.

하브루타 질문

1. 하나님은 어떤 하나님이십니까?

2. 하나님께로 돌아오면 하나님은 우리를 어떻게 하신다고 하셨습니까?

3. 하나님을 힘써 알아야 하는 이유는 무엇입니까?

123. 예수님의 초청을 듣고 문을 열면 어떻게 됩니까?

요한계시록 3:20

20 볼지어다 내가 문 밖에 서서 두드리노니 누구든지 내 음성을 듣고 문을 열면 내가 그에게로 들어가 그와 더불어 먹고 그는 나와 더불어 먹으리라 (계 3:20)

해설 예수님은 "누구든지 나의 음성을 듣고 문을 열면, 내가 그에게 들어가 그와 함께 먹고, 그는 나와 함께 먹을 것이다."라고 말씀하셨는데, 여기서 문은 교회의 문이지만 그 문은 개인적으로 믿는 사람들에 의해 열려진다. 예수님은 전체 교회를 다루고 계시지만 주님의 다루심을 받아들이는 것은 개인적인 문제가 되어야 한다. 예수님의 다루심은 객관적이지만 믿는 사람들이 영접하는 것은 주관적이어야 한다.

예수님은 우리와 교제하기를 원하신다. 우리가 예수님과 교제하는 조건은 없다. 노크소리에 문을 열기만 하면 된다. 예수님은 내 안에 들어오셔서 나의 관심사를 함께 나누기를 원하신다. 예수님과 교제하면 문제들은 해결될 것이다. 막힌 것이 뚫릴 것이다. 닫힌 것이 열릴 것이다.

그분이 내 안에 들어오시면 내 안의 상처, 열등감, 비교의식, 수치심, 악한 생각들이 치유될 것이다. 회복의 기쁨을 맛보게 될 것이다. 주님과 교제하면서 모든 문제들은 눈 녹듯이 사라지고 치유의 기쁨을 체험하게 될 것이다.

하브루타 질문

1. 왜 예수님은 우리에게 문을 열라고 하셨습니까?

_____

_____

2. 문을 열면 예수님은 어떻게 하시겠다고 약속하십니까?

_____

_____

3. 예수님이 내 안에 들어오면 어떤 변화와 회복이 있는지 설명하시오.

_____

_____

> 주일

2-7 치유의 선포(14절)

124. 그리스도 안에 있는 우리가 선포해야 할 말은 무엇입니까?

고린도후서 5:17

17 그런즉 누구든지 그리스도 안에 있으면 새로운 피조물이라 이전 것은 지나갔으니 보라 새 것이 되었도다 (고후 5:17)

해설 누구든지 그리스도 안에 있으면 새로운 피조물이라는 것은 예수님 안에서 내가 새롭게 창조되어 졌다는 말이다. 이전의 나의 모습, 나의 옛 사람의 모습이 어떠하던지 간에 그것과는 이제 상관이 없다고 하신다.

"너는 내 안에서 새롭게 창조되었다. 과거의 어떤 아픔도, 슬픔도, 상처도 자랑도 더는 너를 주장하지 못한다. 이전의 것은 다 지나갔다. 보아라! 내 안에서 새롭게 창조된 너를."

사실 이 말씀을 인정하고 받아들이는 것이 참 어려웠다. 옛 사람이 죽었다는데 자꾸만 살아서 움직이고 활발한 모습들을 보며 과거의 나의 잘못들이 수시로 나의 생각과 마음을 간섭하려 할 때가 얼마나 많은지 모른다.

"너 과거에는 이러이러 했잖아" "너 이런 상처와 아픔이 있잖아"

그러나 염려하지 마라. 예수님께서 염려하지 말라고 하시면 그대로 순종하면 되는 것이다. 내 생각, 내 경험, 내 판단은 별 의미가 없다. 예수님의 말씀에 그대로 순종하면 된다. 지나간 과거를 내가 바꿀 순 없지만, 과거에 얽매이지 않아도 된다. 과거가 나를 주장할 수 없다는 것이다. 이 약속의 말씀을 믿으라 하신다.

하브루타 질문

1. 그리스도 안에 있으면 어떻게 변화됩니까?

---

2. 자신 있게 "보라!"라고 외칠 수 있는 근거는 무엇입니까?

---

3. 우리는 우리 자신을 볼 때 부끄럽고 과거에 잘못한 것들이 발목을 잡기도 합니다. 그럴 때 우리가 믿어야 할 말씀은 무엇이며 근거는 무엇입니까?

---

125. 믿음으로 선포하면 어떤 역사가 일어납니까?

마태복음 21:21

21 예수께서 대답하여 이르시되 내가 진실로 너희에게 이르노니 만일 너희가 믿음이 있고 의심하지 아니하면 이 무화과나무에게 된 이런 일만 할 뿐 아니라 이 산더러 들려 바다에 던져지라 하여도 될 것이요 (마 21:21)

해설 선포는 하늘에 근거를 두고 있다. 믿는 자는 그리스도와 함께 하늘에 앉아 있기 때문에 선포를 할 수 있다. 선포는 우리를 가로막는 것들에게 사라지라고 말하는 기도이다. 어떻게 선포를 할 수 있는가? 그것은 우리가 완전한 믿음을 갖고, 조금도 의심하지 않으며, 우리가 하는 일이 완전히 하나님의 뜻에 따른 것임을 분명히 인식할 때 가능하다.

선포는 직접 하나님께 구하는 것이 아니라 하나님의 권위를 사용하여 문제를 처리하는 것이다. 선포는 이기는 자들이 하는 행위이다.

이기는 자의 가장 중요한 일은 바로 하나님의 권위를 땅에 가져오는 것이다. 오늘날 우주가운데 오직 하나님의 보좌만이 권위가 있다. 이 보좌는 모든 것을 다스리고 모든 것을 초월한다. 보좌를 움직일 수 있는 사람들은 모든 것을 움직일 수 있다. 우리는 그리스도께서 승천을 통하여 모든 것을 초월하셨으며 모든 것이 그분의 발아래 있다는 것을 반드시 보아야 한다.

요한복음 17장에서 주님이 하신 기도는 비밀이 담겨있다. 그 기도의 핵심은 하나를 위한 것이다. 주님은 우리가 하나된 것 같이 저희도 하나가 되게 해 달라고 기도하셨다.(요 17:22) 선포는 이 하나에서 온다. 하나님과 하나 되었을 때 하나님의 뜻도 알고 하나님의 갈망도 알게 된다.

하브루타 질문

1. 믿음의 선포의 근거는 무엇입니까?

2. 믿음과 의심의 관계를 설명하시오.

3. 가장 위대한 선포는 하나님의 말씀을 선포하는 것입니다. 당신은 하나님의 말씀을 믿고 선포하고 있습니까?

126. 믿음에는 어떤 역사가 일어납니까?

> **마가복음 5:34**
>
> 34 예수께서 이르시되 딸아 네 믿음이 너를 구원하였으니 평안히 가라 네 병에서 놓여 건강할지어다 (막 5:34)

해설 병에서 놓여 건강해지는 것은 예수님의 소원이자 믿음의 능력이다. 예수님은 그의 자녀들이 병에서 놓여 건강하기를 원하신다. 그러나 예수님의 소원이 이뤄지기 위해선 믿음이 필요하다. 예수님은 믿음을 통해 일하신다.

믿음의 능력은 실로 대단하다. 내적치유가 이뤄지기 위해선 절대적인 믿음이 필요하다. 이 산더러 들려 바다에 던지는 것보다 더 필요한 것은 마음속에 웅크리고 있는 상처, 아픔, 분노, 열등감 등을 치유하는 것이다. 이런 부정적인 감정들을 던져 버리고 새로운 삶을 향해 걸어가기 위해선 당사자의 절대적인 믿음이 필요하다.

그러나 믿음만 강조하면 안 된다. 많은 설교자들의 오류는 믿음만을 강조하는 것이다. '오직 믿음' 그럴싸하지만 사실이 아니다. 오직 믿음이 아니라 무엇을 믿느냐는 것이 더 중요하다. 믿음이란 단순한 자기 확신이 아니다. 아무 것이나 믿는 것을 의미하지 않는다.

믿음은 바로 하나님의 말씀에 대한 믿음을 의미한다. 하나님의 말씀은 약속이다. 그래서 우리는 오래된 약속을 구약(舊約)이라고 하고, 새로운 약속을 신약(新約)이라고 한다. 우리의 믿음의 근거는 하나님의 말씀이다. 따라서 믿음과 말씀이 융합될 때 기적이 일어나는 것이다. 혈루병에 걸린 여자를 구원하신 것은 바로 예수님의 말씀과 함께 그 여자의 믿음이었다.

자, 그렇다면 믿음으로 말씀을 선포하자! "네 병에서 놓여 건강할지어다!" "나를 아프게 하는 과거의 모든 상처들은 예수님의 이름으로 물러가라!", "내 안에 있는 부정적인 감정들은 예수님의 이름으로 물러가라!" 이미 하나님은 우리를 치료하시겠다고 약속하셨기 때문이다.

하브루타 질문

1. 네 믿음이 너를 구원하였다는 말씀의 의미는 무엇입니까?

2. 내적치유가 일어나기 위해서 꼭 필요한 두 가지는 무엇입니까?

3. '오직 믿음'에 함정이 있는 이유가 무엇인지 설명하시오.

127-128. 세상을 이기는 승리의 비결은 무엇입니까?

요한일서 5:3-4

3 하나님을 사랑하는 것은 이것이니 우리가 그의 계명들을 지키는 것이라 그의 계명들은 무거운 것이 아니로다
4 무릇 하나님께로부터 난 자마다 세상을 이기느니라 세상을 이기는 승리는 이것이니 우리의 믿음이니라 (요일 5:3-4)

해설 하나님을 사랑하려면 그 말씀을 사랑해야 한다. 하나님의 말씀이 우리 마음속에 있어야 한다. 그리고 하나님을 사랑하는 우리의 마음 표현은 주의 계명을 지키는 것으로 나타난다. 사실 이 계명을 지키는 것은 옛사람에게는 불가능하다. 그러나 새사람에게는 쉬운 일이다. 하나님께로부터 난 사람들이기 때문이다.

누가 이러한 자인가? 바로 예수께서 하나님의 아들이심을 믿는 자가 주의 계명을 지키며 승리의 삶을 산다. 즉, 거듭난 자, 영생을 소유한 자, 예수님의 생명이 그 안에 있는 자가 '믿음으로' 하나님을 사랑하며 그의 계명을 지키는 것이 승리의 삶이다. 이들은 이 세상에서 살지만 사실은 영원을 살기에 이미 세상을 이긴 자들이다.

믿음의 삶은 하나님을 사랑하는 삶이다. 이 삶은 사람을 향해서는 선으로 사는 삶이요 사랑으로 어두움을 몰아내는 삶이다. 이러한 믿음의 사람들이 있는 곳에 예수님이 함께 계시며 그러한 사람들의 삶은 사실 예수님의 생명을 세상에 나타낸다. 이 얼마나 아름답고 위대한 일인가!

하브루타 질문

1. 하나님을 사랑한다는 것은 무엇입니까?

2. 구약에서 마음을 다하고, 뜻을 다하고, 힘을 다하여 하나님을 사랑하는 방법은 무엇입니까?(신 6:5-9)

3. 믿음과 하나님의 말씀과의 상관관계를 설명하시오.

129-131. 베드로가 선포한 '네게 있는 이것'은 무엇입니까?

사도행전 3:6-8

6 베드로가 이르되 은과 금은 내게 없거니와 내게 있는 이것을 네게 주노니 나사렛 예수 그리스도의 이름으로 일어나 걸으라 하고
7 오른손을 잡아 일으키니 발과 발목이 곧 힘을 얻고
8 뛰어 서서 걸으며 그들과 함께 성전으로 들어가면서 걷기도 하고 뛰기도 하며 하나님을 찬송하니 (행 3:6-8)

해설 성전 미문 앞에 앉아있던 앉은뱅이를 일으킨 힘은 베드로의 '내게 있는 이것'이었다. 베드로는 '이것'으로 선포했고 앉은뱅이는 발과 발목이 힘을 얻고 뛰어 서서 걸으며 걷기도 하고 뛰기도 하면서 하나님을 찬송했다.

그렇다면 베드로가 선포한 '네게 있는 이것'은 도대체 무엇이었는가? 그것은 바로 나사렛 예수 그리스도의 이름이었다. 베드로가 앉은뱅이에게 "예수님의 이름으로 일어나 걸으라!" 선포했을 때 오랫동안, 아니 태어날 때부터 불구의 몸이었던 앉은뱅이의 몸이 치유되는 기적이 일어난 것이다.

중요한 것은 이것이다. 당신은 선포할 수 있는 '나사렛 예수의 이름', 즉 베드로가 고백한 '내게 있는 이것'을 가지고 있는가? 지금도 나사렛 예수의 이름은 살아서 역사하고 있다. 문제는 '내게 있는 이것'으로 선포할 믿음이 있는가 하는 것이다. 믿음으로 '내가 가진 이것'을 선포할 때 기적이 일어날 것이다.

하브루타 질문

1. 베드로가 말한 '내게 있는 이것'이란 무엇입니까?

2. 앉은뱅이는 은과 금이 필요하다고 생각하여 구걸했지만 진정 앉은뱅이에게 필요한 것은 무엇이었습니까?

3. 베드로는 담대하게 앉은뱅이를 향하여 선포했습니다. 어떤 역사가 일어났습니까?

132. 우리는 무엇을 선포해야 합니까?

요한삼서 1:2

2 사랑하는 자여 네 영혼이 잘됨 같이 네가 범사에 잘되고 강건하기를 내가 간구하노라 (요삼 1:2)

해설 이 말씀을 근거로, 예수 믿으면 영혼구원 외에, 물질 복 건강의 복도 받는다고 주장하는 교단이 있다. 하지만, 이 말씀은 사도요한이 나그네를 항상 잘 대접했던 가이오 형제에게, 더 많은 선행을 바라는 마음으로 했던, 개인적인 축복의 말이다. 이 개인적인 인사말 한절을 가지고 마치, 성경 전체의 핵심인양 내세우면 안 될 것이다.

그러나 이 말씀은 성경 밖의 말씀이 아니다. 이 말씀은 성경에 나오는 말씀이며 우리가 이렇게 선포하고 축복하는 것은 결코 무리가 아니다. 실제로 이 말씀을 암송하고 선포하는 사람들 가운데 범사가 잘 되고 강건해지는 역사들이 나타나고 있다. 복만을 추구해서도 안 되겠지만 경시해서는 더더욱 안 된다.

영혼이 잘 됨 같이 범사가 잘 되고 강건하기를 선포하자. 우리 모두가 믿음으로 선포할 때 하나님께서 이루어주실 것이다. '믿고 구하는 것은 받은 줄로 믿으라' (마 21:22)

하브루타 질문

1. 우리에게 가장 중요한 것은 무엇입니까?

---

2. 영혼이 잘됨 같이 함께 잘 되어야 하는 것은 무엇입니까?

---

3. 영혼이 잘 됨 같이 범사가 잘 되고 강건하기를 선포해야 합니다. 날마다 이 말씀을 선포하시겠습니까?

133-135. 우리는 어떻게 축복해야 합니까?

민수기 6:24-26

24 여호와는 네게 복을 주시고 너를 지키시기를 원하며
25 여호와는 그의 얼굴을 네게 비추사 은혜 베푸시기를 원하며
26 여호와는 그 얼굴을 네게로 향하여 드사 평강 주시기를 원하노라 할지니라 하라 (민 6:24-26)

해설 이 축복의 말씀에는 4가지가 담겨 있다. 복, 지켜주심, 은혜 베푸심, 그리고 마지막으로 평강이다. 이것은 하나님의 소원이다. 하나님은 하나님의 자녀 된 우리가 이 4가지의 복을 누리기를 원하신다.

복을 받길 원하신다. 지켜주시기를 원하신다. 은혜 베푸시기를 원하신다. 평강주시기를 원하신다. 이것이 좋으신 하나님의 소원이며 기쁨이다. 자식이 잘 될 때 부모가 한 없이 기뻐하듯이 하나님은 자녀 된 우리가 이러한 4가지의 축복을 받아 누리기를 원하신다. 그렇다면 우리가 해야 할 일은 이 말씀을 선포하는 것이다. 복, 지켜주심, 은혜 베푸심, 평강을 선포해야 한다.

하나님은 아브라함에게 "너를 축복하는 자에게는 내가 복을 내리고 너를 저주하는 자에게는 내가 저주하리니 땅의 모든 족속이 너로 말미암아 복을 얻을 것이라"(창 12:3)고 하셨다. 축복은 축복하는 자에게 내리고 저주 역시 저주하는 자에게 내린다. 복을 받기를 원하는가? 그렇다면 먼저 축복하라. 이것이 성경의 복과 저주의 법칙이다.

하브루타 질문

1. 이 축복의 말씀에 담겨 있는 4가지를 설명하시오.

---

2. 왜 하나님을 믿는 사람들이 복을 받아야 하는지 설명하시오.

---

3. 우리가 복을 선포해야 하는 이유를 설명하시오.

말씀치유를 위한 기도

하나님은 육신의 질병, 내적의 질병을 치유하시는 분이시다. 히스기야가 병들어 죽게 되었을 때 하나님께 통곡하면서 기도했고 하나님은 치유해 주셨다. 우리의 모든 문제를 하나님 앞에 내려놓고 기도해야 한다. 특별히 육신의 질병을 위해 기도해야 한다. 내적인 질병도 마찬가지이다. 간절히 기도하라. 하나님께서 치료해 주실 것이다. 아래의 말씀을 붙들고 완치의 은혜를 체험할 때까지 날마다 기도하라.

열왕기하 20:1-3

1 그 때에 히스기야가 병들어 죽게 되매 아모스의 아들 선지자 이사야가 그에게 나아와서 그에게 이르되 여호와의 말씀이 너는 집을 정리하라 네가 죽고 살지 못하리라 하셨나이다
2 히스기야가 낯을 벽으로 향하고 여호와께 기도하여 이르되
3 여호와여 구하오니 내가 진실과 전심으로 주 앞에 행하며 주께서 보시기에 선하게 행한 것을 기억하옵소서 하고 히스기야가 심히 통곡하더라 (왕하 20:1-3)

시편 6:2

2 여호와여 내가 수척하였사오니 내게 은혜를 베푸소서 여호와여 나의 뼈가 떨리오니 나를 고치소서 (시 6:2)

시편 41:3-4

3 여호와께서 그를 병상에서 붙드시고 그가 누워 있을 때마다 그의 병을 고쳐 주시나이다
4 내가 말하기를 여호와여 내게 은혜를 베푸소서 내가 주께 범죄하였사오니 나를 고치소서 하였나이다 (시 41:3-4)

이사야 38:16

16 주여 사람이 사는 것이 이에 있고 내 심령의 생명도 온전히 거기에 있사오니 원하건대 나를 치료하시며 나를 살려 주옵소서 (사 38:16)

예레미야 17:14

14 여호와여 주는 나의 찬송이시오니 나를 고치소서 그리하시면 내가 낫겠나이다 나를 구원하소서 그리하시면 내가 구원을 얻으리이다 (렘 17:14)

시편 107:19-21

19 이에 그들이 그들의 고통 때문에 여호와께 부르짖으매 그가 그들의 고통에서 그들을 구원하시되
20 그가 그의 말씀을 보내어 그들을 고치시고 위험한 지경에서 건지시는도다
21 여호와의 인자하심과 인생에게 행하신 기적으로 말미암아 그를 찬송할지로다 (시 107:19)

테필린 선교후원 (Tefillin Mission Support)

"한국교회, 목회자, 성도를 살리는 길이 무엇인가?"라고 묻는다면, 분명 이렇게 말할 것입니다. "성경으로 돌아가는 것이다." 그렇다면 한 가지 질문이 더 있습니다. "어떻게 성경으로 돌아가야 하는가?"라는 질문에 그 누구도 속 시원한 대답을 하는 사람을 본 적이 없는 것 같습니다. 성경암송학교는 속시원한 대답을 드립니다. 바로 「성경암송」입니다. 성경암송은 성경으로 돌아가는 첫 걸음입니다. 성경암송학교의 사역은 단순히 성경암송에 그치는 것이 아닌 한국교회와 목회자 그리고 다음세대가 말씀으로 살아나도록 말씀운동을 전개하고 격려 및 후원하는 것입니다. 「테필린 선교후원」(Tefillin Mission Support 이하 TMS)은 살리는 사역입니다. 사역에는 많은 돈이 필요합니다. 매월 일정한 돈을 떼어 테필린 선교후원자가 되십시오. 2,700여 년 전 온갖 조롱과 생명의 위협 속에서도 '하나님께로 돌아가야 한다'고 외쳤던 예레미야와 같은 심정으로 거룩한 가난을 감수할 오늘의 「테필린 선교후원자」로 당신을 초청합니다.

✚ 테필린 선교후원 지출방침

① 투명하고 정직하게 사용하고 공개합니다.
② 항목이 지정된 후원금으로 각 분야를 지출합니다.
③ 각 후원금의 15% 이내에서 사역자 사례비와 성경암송학교 사역 운영비를 지출합니다.

성경암송학교(BRS) KOREA BIBLE RECITATION SCHOOL 31536 충남 아산시 서부남로 844 성경암송학교 테필린센터
홈페이지 www.amsong.kr / 전화 (041)532-0697 / 팩스 (041)532-0698

✚ 테필린 선교후원 내역

1 한국교회 살리기 후원

테필린복음의 400절을 암송하여 목회에 적용하는 교회를 지원하는 후원입니다. 3년 동안 후원하며, 첫해는 매월 30만 원, 둘째 해는 매월 20만 원, 셋째 해는 매월 10만 원을 지원하여 경제적인 후원과 함께 어려운 목회를 격려하는 후원제도입니다. 무조건 지원이 아닌 말씀암송을 실천하는 교회를 지원하는 원칙을 가지고 있습니다. 성경암송학교의 꿈은 1,000교회를 후원하는 것입니다. 만약 테필린 선교후원을 통해 1,000교회가 말씀으로 돌아가 부흥을 경험한다면 한국교회는 어떤 역사가 일어날까요? 생각만 해도 가슴이 뛰고 흥분됩니다.

- 후원계좌 : 농협 351-0976-8111-33 예금주 성경암송학교(BRS)

2 목회자 살리기 후원

한국교회의 목회자들이 성경의 4대 핵심인 테필린복음 400절의 말씀을 완벽하게 암송하여 마음에 새기도록 지원하는 후원입니다. 목회자들이 다른 사역들을 내려놓고 말씀에 집중할 수 있도록 돕는 후원입니다. 특별히 미자립교회 목회자들이 테필린복음의 4개(구원, 헌신, 신앙계승, 축복의 과정)의 최고위과정에 참여할 수 있도록 참가비와 교통비를 후원합니다.

- 후원계좌 : 우체국 102129-01-004418 예금주 성경암송학교(BRS)

3 다음세대 살리기 후원

크리스천 가정 속에서도 세대 간의 갈등은 깊어지고, 신앙계승은 이루어지지 않는 현실입니다. 그로 인해 모태신앙 자녀들이 교회를 떠나가고 있습니다. 해결방법은 '네 자녀에게 부지런히 가르치며'라는 쉐마에 의거하여 테필린복음을 가족들이 함께 선포하는 것입니다. 학업 중인 자녀들이 테필린복음 400절을 암송하면 테필린장학생으로 선발하여 장학증서와 함께 100만원의 장학금을 지원하는 프로그램입니다.

- 후원계좌 : 농협 351-0976-8111-33 예금주 성경암송학교(BRS)

4 성경암송학교 테필린센터 건립후원

한국교회의 백년대계를 위한 교회 살리기, 목회자 살리기, 다음세대 살리기를 가장 시급한 것은 성경암송학교 테필린센터를 완성하는 것입니다. 강의실, 숙소, 세면장, 화장실, 쉼터, 산책로를 위해 30억의 경비가 필요합니다. 단순한 건물형태로 건축하여 경비를 절감하면서도 안전하고 편안하게 쉴 수 있는 회복과 치유의 공간으로 건축하는 것입니다.

- 후원계좌 : 우체국 102129-01-004418 예금주 성경암송학교(BRS)

31536 충남 아산시 서부남로 844 성경암송학교 테필린센터
홈페이지 www.amsong.kr / 전화 (041)532-0697 / 팩스 (041)532-0698

최고위과정에 초대합니다

스토리텔링, 할 수 없다면 아는 것이 아니다!
아무나 할 수 있는 것이라면 난 도전조차 하지 않았을 것이다!

이런 훈련을 받아보신 적이 있습니까?
　지금까지 한국의 신학교와 기관에서 이런 훈련은 없었습니다. 각 과정의 말씀(테필린복음 400절, 하브루타 330절, 말씀치유 135절, 복음전도 330절)의 말씀을 암송하여 스토리텔링하는 훈련입니다. 예수 그리스도와 스데반 집사, 그리고 찰스 스펄전, 디엘 무디, 조용기, 도슨 트로트맨, 맥스 루케이도, 브라이언 휴스턴, 빌 하이벨스 목사는 하나님의 말씀을 체계적으로 암송하여 스토리텔링으로 세계적인 교회 및 기관을 일궈냈습니다. 성경말씀을 주제별로 암송하여 스토릴텔링 하는 것보다 성경적이고 강력한 설교는 없습니다.
　지금 한국교회가 부흥되고 성도들이 회복되는 유일한 길은 바로 성경말씀을 완벽하게 암송하여 스토리텔링을 하는 것입니다. 지금 당신이 섬기는 교회가 부흥되고 성도들이 회복하는 기적을 체험하길 원하신다면 최고위과정에 참여하십시오. 정중히 초대합니다.

✚ **교육과정**
　1. 테필린복음 최고위과정 (2박 3일 4회 구원, 헌신, 신앙계승, 축복)
　2. 하브루타 최고위과정 (2박 3일 3회 믿음, 소망, 사랑)
　3. 말씀치유 최고위과정 (3박 4일 1회 말씀치유)
　4. 복음전도 최고위과정 (2박 3일 3회 초급, 중급, 고급)
　* 각 과정은 별도이므로 선택하여 교육 받으시면 됩니다.

✚ **교육대상** : 목회자(사모) 선교사, 신학생

✚ **교육장소** : 성경암송학교 테필린센터

✚ **교 육 비** : 각 과정마다 별도의 교육비가 책정되어 있으므로 홈페이지 참조

✚ **교육내용**
　1. 선택한 과정을 이수해야 합니다.
　2. 선택한 과정의 말씀을 암송하여 암송시험에 합격해야 합니다.
　3. 선택한 과정의 말씀을 암송하여 스토리텔링을 할 수 있어야 합니다.

✚ **교육특전**
　1. 각 과정을 이수한 분에게는 각 과정의 최고위자격증을 수여합니다.
　2. 전국 및 해외집회의 최고의 강사로 참여할 수 있습니다.
　3. 강의교재 및 PPT 자료를 제공합니다.
　4. 전 과정을 이수한 분은 성경암송학교 지역캠퍼스 교장으로 임명합니다.
　5. 각 과정을 이수한 최고위과정의 교수들과 인적 네크워크를 구축하며 최고위과정 연장 교육에 초청을 받게 됩니다.

✚ **교육신청** : 홈페이지 www.amsong.kr / (041)532-0697

성경암송학교(BRS)
KOREA BIBLE RECITATION SCHOOL
31536 충남 아산시 서부남로 844 성경암송학교 테필린센터
홈페이지 www.amsong.kr / 전화 (041)532-0697 / 팩스 (041)532-0698